JN190637

お坊さんが教える
イライラがスーッと消える方法

目次

その気持ちとうまく付き合うことができるだけなのです」

そう、仏教の考え方を身につければ、イライラを解消できる暮らしが可能なのです。とはいえ、特別な修行が必要なわけではありません。仏教的考え方を学び、実践してみればいいのです。たとえば、仏教では、

「すべての現象には原因がある」

と説きます。

結果があれば、その結果をもたらした原因があるということですね。そして、その原因がわかれば、原因をなくすこと、あるいは何らかの手立てをすることにより、結果を善い方向に変えていくことができる、とも説きます。

この仏教の教えに従えば、今あなたが抱えているイライラにも、必ず原因があるということになります。そうであるならば、その原因を突き止め、何らかの対処をすれば、イライラを解消することができるのです。

本書では、さまざまな角度からイライラを解消する方法を解説していきます。

本書を読むことで、仏教的考え方を身につけ、みなさんがイライラと無縁の生活を手に入れていただければと思っています。

第3章 会社や職場でイライラしたときの対処法

第4章 家族や友人、人間関係でイライラしたときの対処法

第5章 日常生活でイライラしたときの対処法

第6章
イライラしたときに思い浮かべるといい仏教の言葉

第7章 人間関係を円滑にする修行法

第1章

お坊さんが教える
イライラを鎮める方法

01 イライラは自分が作り出している

イライラを解消する方法を知る前に、その原因について少し考えてみたいと思います。そうすることで自然と、気持ちを鎮める方法が見えてくるはずだからです。

なぜ、人はイライラしてしまうのでしょうか?

相手が上司であれ、同僚であれ、身内であれ、自分のミスを注意されたり、指摘されたりすると、人はイライラしたり、落ち込んだりします。

特に、自分でも悪いとわかっているときや、自分なりに直さなきゃいけないな、などと思っているときに痛いところを突かれると、その気持ちは大きくなります。そして、

「今、やろうと思っていたのに!」

という、おなじみのセリフを吐くことになるのです。

人というものは耳の痛い忠告を素直に受け入れることができないのですね。

また、同じことを言われるのでも、誰にどのように指摘されるのかで、反応が異なり

ます。同じことを身内に言われると、イライラ度が増しますし、嫌いな人に注意された場合や、頭ごなしにキツい言い方をされたときも同様です。

しかし、尊敬できる上司に言われたり、優しく諭すように注意されたときは、それほどイライラはしません。

このように見てみると、人は注意されるとイライラすることがあるのですが、ただ注意されることだけが、その原因ではないようですね。そこには、どのようなことを注意されたか、相手は誰か、言い方はどうか、ということが加わってきます。

その中で、最もイライラするのは、「自分でもダメだとわかっていることを、自分が嫌い（苦手）な相手や身内から、頭ごなしにキツイ言い方で指摘されるとき」でしょう。

それは、自分でダメだとわかっている部分を何とかしなければと焦っている自分がいるからではないでしょうか。

「自分でもダメだ、できていないとわかっている」→「改善しようとして頑張るが、なかなか進まない」→「焦りでイライラし始める」→「そんなときに指摘や注意を受けてイライラが爆発」という流れをたどっているのです。

ポイントは、「自分でもわかっているのにできない」というジレンマですね。自分でも改善しなければ、と思っているのに、なかなか実行できず、焦り始めてイライラが始まるのです。

ということは、イライラの原因は、ただ単に注意されるから、ということではなく、その前に「思うようにならなくて焦っている自分がいる」というところにあるのでしょう。

この「思うようにならない」からイライラするという状態は、様々なところで見ることができます。

部下にイライラする上司も、その理由を問われれば、部下が思うように動いてくれないからとなるでしょう。

上司にイライラする人も、その上司の怒り方や注意の仕方、態度、実力などが、自分の思う上司像とかけ離れているから、苛立ってしまうのでしょう。

それと同じように、家族に苛立ってしまう人も、友達に苛立ってしまう人も、自分の置かれている状況に苛立ってしまう人も、結局のところ、自分の思いが通じない、思い通りにならないからイライラしているのです。

自分の期待や望み、想像など、思い描いていたことと異なると、人はイライラしてしまうのですね。

それは、裏を返せば、心のどこかで「世の中は、自分の思い通りになる（なってほしい）」と思っているということです。心の底から、世の中は思い通りにならないとわかっていれば、望んだ結果にならなくても、いやな気持ちになることはありません。

そう、人は「自分が思っている通りの結果が得られる」と、どこかで思い込んでいるのです。そしてそれこそがイライラを生むことにつながっているのです。

仏教では、そもそも「この世は苦の世界である」と説きます。

人はこの世に生まれたと同時に、老いる苦しみ、病にかかる苦しみ、そして死を迎えるという苦しみを受けます（生老病死苦）。

また、愛する人と別れなければならない苦しみ（愛別離苦《あいべつりく》）、いやな相手と会わねばならない苦しみ（怨憎会苦《おんぞうえく》）、欲しいものが必ずしも手に入らない苦しみ（求不得苦《ぐふとくく》）、どうしようもなく燃え上がる煩悩の苦しみ（五蘊盛苦《ごうんじょうく》）、という苦しみを経験します（これを四苦八苦といいます）。

これらの苦しみは、この世に生まれた以上、誰も避けることができないことであり、どうしようもないことです。

お釈迦様は、この世には、こうした誰も避けられない、自分の思いの通りにはならないことがあるのだ、と教えたのです。

ここで、この「苦しみ」を「イライラ」に置き換えてみましょう。

すると、人は、老いることにイライラし、病にかかってはイライラし、死に対してイライラし、愛する人との別離でイライラし、いやな相手と会うことにイライラし、求めるものが得られなくてイライラし、思うように自分の身体と精神をコントロールできなくてイライラする、と言い換えることができますね。

人はどうしようもないことに直面すると、イライラしてしまう生き物なのです。

なぜかといえば、どうしようもないことを心のどこかで思うようにしたいと願っているからです。しかし、どうしても思い通りにはならずに、悪あがきをして、イライラしてくるのです。

そう考えると、イライラを作り出しているのは自分自身ということになります。

つまり、イライラの根本原因は、自分の外にではなく、自分の中にあるのです。

お坊さんの一言

イライラというものは「思うようにいかない」というところから発生しているものなのです

02 積極的あきらめの勧め

イライラの原因は、自分の思い通りにならないというところにあり、思い通りにならないことをなんとかしようと悪あがきをするところに生まれてくるものである、とお話しいたしました。

ならば、この原因をなくしてしまえば、イライラもなくなりますね。思い通りにならない、という思いを消し去ってしまえばいいわけです。それには、仏教の考え方を身につけることが大変効果的だと思います。

そうするためには、まず、お釈迦様が説いているように、この世は苦の世界である、ということを認識することから始まります。

決してこの世は楽な世界ではない。そしてそれは仕方がないことなのだと理解することが重要なのです。

なぜなら四苦八苦というものは、この世に生まれた以上、誰もが決して避けることができないこと、と決まっているのですから。

自分のことも自分の周りのことも、思うようにならないのが、この世なのです。この「思い通りにならない」ということは、自分だけにあることではなく、誰にでもあることなのです。これを認識し、理解することが、仏教的生き方の第一歩ですね。

これを実践すれば、イライラすることはありません。なぜなら、どのようなことに対しても、初めから「思うようにはならない」とわかっているからです。

すべては思うようにならないものだ、とわかっていれば、仕事でうまくいかなくても「まあ、思うようにならない世界だからな」と受け止めることができるでしょう。人間関係でいやなことが起こっても、「まあ、そういうこともあるさ。とかく思うようにはならない世界だから」と思うことができます。マナーの悪い人を見ても「自分と他人は異なるものなのだ。自分の思うようには他人は動かないものだ」と思うことができますね。

この世は、何もかも自分の思い通りにはならないと理解し、納得していれば、焦ったり、感情的になったり、妬んだり、苛立ったり、怒ったりすることはなくなるのです。

これが仏教的生き方の基本です。

それはあきらめではないのか、と思われるかもしれません。確かに、「この世は思い通りにはならないものだ」と認識することは、「あきらめ」と同じように思えます。

しかし、一般的にいう「あきらめ」とは、実はまったく異なるのです。

一般的な「あきらめ」は、捨て鉢的なあきらめでしょう。「もういいや、もうどうにでもなれ。どうせダメだ。何をやってもダメなのだから」という、マイナス思考ですね。

この場合のあきらめは、先がありません。本当に「もう終わり」です。捨て去ってしまう状態が、一般的な「あきらめ」です。

しかし、「この世は思い通りにはならない世界だ」と認識することは、結果だけを見ればあきらめと同じように見えますが、先があるのです。そこで終わっているわけではありません。

「この世は思い通りにはならない世界だ。だからこそ、イライラしたり、怒ったり、妬んだり、羨んだり、恨んだりなどと感情的にならないように生きていこう」

というのが、仏教的生き方なのです。

仏教的生き方、という言い方がなじめない方は、「積極的あきらめ」と言い換えればいいと思います。同じあきらめでも、捨て鉢になって先を見ないのか、思い通りにならないものと納得して自分の感情をコントロールするのかでは大きな違いがあるでしょう。

たとえば、思い通りにならないことがあり、焦ったり、イライラしても「あぁ、いけない、いけない。この世は思い通りにはならないものだ。落ち着こう。落ち着いて考えよう」と、ブレーキをかけることができるようになるのですね。

イライラに対処する最も有効な方法は、仏教的生き方（積極的あきらめ）である「この世は思い通りにはならないものだ」ということを認識し、しっかり理解することなのです。

とはいえ、それは簡単なことではありません。いきなり認識しろと言われても、できることではありません。

また、頭では理解できても感情的にはついていけないでしょう。そこで、少しでも積極的あきらめができるように、別のイライラ対処法を考えてみましょう。

お坊さんの一言

「この世は思い通りにはならない」という「積極的あきらめ」がイライラの最大の対処法なのです

03 注意してくれる人はありがたい

イライラしているときは、頭に血が昇っている状態と言っていいでしょう。そのようなときは、何も考えられませんね。イライラして何も手につかない、とよく言います。

このような状態のときは、まずは気持ちを落ち着かせ、頭を冷やすことが大事ですね。冷静になれば、なぜ苛立っていたのかを分析できるからです。注意されたからなのか、いやなことを言われたからなのか、いやな人と出会ったからなのか、と原因を探ることができるのですね。

イライラすると思ったら、まずは深呼吸をしてみることです。そして、できればその場を離れることです。一人になることができれば、理想的でしょう。一人になって、「なぜ、イライラしたのか」を考えてみることです。

いやなことを言われたことが原因ならば「チェッ、くそったれ」などと小声で悪態をついてもいいでしょう。注意されたことが原因ならば「いちいちうるさいんだよ」と一人で文句を言うのもいいでしょう。そして、「はぁ……、思うようにはならないな」とつぶやいてみましょう。

気持ちが落ち着いてくれば、「この世は思うようにはならないものだ」ということが、認識できるでしょう。そうすれば「だったら少しでもうまくいくように努力しようか」という気持ちにもなれるのです。

「それはわかる。ですが、なかなか尾を引いて、感情がおさまらないのですよ」

という方もいるでしょう。

たとえば、注意されたことがいつまでも頭に残り、気持ちが鎮まらないという方もいるでしょう。昔から「金言耳に逆らいやすし」と言うように、周囲からの注意や小言はうっとうしいものなのです。そういうとき、少しでも、冷静になれるよう、その心得を説いておきましょう。

仏教には、たくさんの戒律があります。

男性の僧侶で約250、女性の僧侶(尼僧《にそう》)で約350の戒律があります。さすがにこれだけ数が多いと全部は覚えきれませんし、中にはほんの些細な戒律もあります。戒律というよりちょっとした注意事項のようなこともあります。

なぜこれほど戒律の数が増えたかと言いますと、それだけ注意を受けた弟子がいたからなのです。注意事項がそのまま、戒律になったのですね。

しかし、そういった注意は、当然ながらお釈迦様が弟子を導くために行ったことです。注意しなければ、その弟子が横道にそれてしまい、悟りを得るどころか、下手をすれば教団追放にもなりかねません。それを避けるために、お釈迦様は、辛抱強く注意を重ねていったのです。

注意する人は、相手のことが憎くて注意しているのではありません。仕事を覚えてもらうためであったり、少しでもその人がうまくいくようになればいいと思って注意するのでしょう。

注意してくれることは、ありがたいことなのです。

そして注意されるということは、結果が不十分だからでしょう。ちゃんとできていないから注意されるのですね。たまに理不尽な理由もあるかもしれませんが、それは一般的ではありません。

やはり、多くの場合、注意されるのは、出来が悪いからです。

そこを心得違いしていては、自分自身のためにはなりません。聞き入れられないというのは、筋違いですね。ましてや腹が立つ、頭に来る、というのは、注意した側からみれば「何様のつもりか」となってしまいます。「うぬぼれが強いのではないか、自己評価が高すぎるのではないか」と思われても仕方がありません。お釈迦様は、このように注意を聞き入れない者を「増上慢《ぞうじょうまん》」と呼び、決して増上慢にはならないようにと注意しておりました。

増上慢になれば、その人はそれ以上、成長しなくなるからです。注意を受け入れるということは、「成長できる」ということなのです。

注意された内容は納得できる、しかし、もう少し言い方を考えてくれればいいのに、という方もいると思います。

しかし、たとえば上司と部下の関係ならば、きつく言われても仕方がないですね。「そんな言い方しなくても」というのは、言われた側のプライドが傷ついた、ということなのでしょうが、そのような高すぎるプライドは、本来仕事には不要です。つまらないプライドは捨ててしまったほうが、楽になるというものです。

注意をしてくれる人は、親切な人なのです。お釈迦様も、

「注意をしてくれる人は、宝物がどこにあるかを示してくれる人と同じなのだ」

と説いています。

注意されてイライラしたら、ちょっと席を外し、深呼吸などして、「注意してくれる人は親切な人」ということを思い出してみてはどうでしょうか。これで、少しは冷静になれるでしょう。

そうすれば、なぜ注意されたかが理解できるのです。それは、自分にとって大いにプラスになることだと思います。

お坊さんの一言

増上慢になってはいけません
注意してくれることはありがたいことなのです

04 見ざる聞かざる言わざるでスルーしましょう

マナーの悪い人を電車の中で見かけたり、図々しい人と接しなければならなかったりすると苛立ってしまうことがありますね。

しかも、それが日常的だったり、長時間そのような人と付き合わなければならないというのは、とてもつらいことですね。まさに、四苦八苦のうちの怨憎会苦《おんぞうえく》です。

マナー違反の人に親切心をおこして助言をしても、聞き入れてくれないとますます苛立ちが増しますね。このような人を前にすると、落ち着けと言われても、なかなか冷静になれないでしょう。

そうした場合はどうすればよいのでしょうか。

一番いいのは、見ないようにする、聞かないようにする、言わないようにすることです。いわゆる、「見ざる聞かざる言わざる」ですね。つまり、無視してしまえばいいのです。

マナーの悪い人も、いやな人も、頑固な人も、所詮は他人です。他人なのですから、その人のために親切心などおこさない方がいいのです。なるべく関わらない、見ない、聞かないようにするのですね。

たとえば、マナーの悪い人と電車内で一緒になってしまったら、さっさと車両を変えるほうがいいのです。

隣に座った人が眠ってしまい肩に寄りかかってきて不快な思いをするならば、肩をずらしてあげればいいことです。そうすれば、たいていは気がつきます。

何度も寄りかかってきたら、何度も身体をずらせばいいのです。どうしても苛立ってしまうならば、意地を張らず、自分がその場を去ればいいのです。

「なぜ自分が動かなければならないんだ」などと思わずに、さっさと違う場所へ移動したほうが健康にいいでしょう。そんな小さなことで意地を張ることはないのです。つまらないことでエネルギーを使うよりも、他に使うところがあると思います。

もし部下が、何度注意しても直らないようならば、「まあ、所詮他人だから」と割り切ってしまえばいいのです。その上で、重要な仕事を回さなければいいのです。ちょっと冷たくしてちょうどいい、ということですね。

お釈迦様は、あくまでも他人の過失は見るな、と指導しています。他人の過失ばかり見ていると、自分の過失を見落とすことにもなりかねないからです。また、

「恥を知らずに安易に生活し、カラスのように勇ましく、傲慢で、大胆で、厚かましく、汚されて生きる者は生活しやすい。恥を知り、常に清きを求め、執着なく、へりくだり、清く生きる者は生活し難い」

とも説いています。

なるほど確かに、図々しい人や、マナーの悪い人、鈍感な人は、周りに害を及ぼしますが、本人はそのことを気にしていないことが多いですね。そういう人に出会ったならば、「あぁ、私はそんなカラスのような人間でなくてよかった」と喜べばいいでしょう。

相手は所詮他人ですから、どうでもいいと思って、通り過ぎてしまえばいいのですよ。いちいち腹を立てるよりも、見ざる聞かざる言わざる、で通り過ぎていきましょう。

それでも気持ちがおさまらない、という方は、次のような考え方はいかがでしょうか。

お坊さんの一言

マナーの悪い人を見て苛立ってしまうより
所詮は他人なのだと割り切り、無視してしまいましょう

05 哀れみの目で見てしまおう

所詮他人事だと無視しても、あるいは、なるべく見ないようにしようとしても、どうしても関わらなければならないこともあります。そういうときは、どのように対処すればいいのでしょうか。

実は、とてもいい方法があります。それは、「哀れみの目」で相手を見ることです。そのいやな相手を「哀れな人だなぁ」「あぁ、かわいそうな人だなぁ」という目で見るのです。

「あぁ、かわいそうな人だなぁ、みんなから嫌われているのに」

「あぁ、哀れな人だなぁ。能力がないことは明白なのに」

「あぁ、哀れな人だなぁ。あんなマナーの悪いことをしていれば、きっとバチが当たるだろうに」

という目で眺めてしまえばいいのです。

「そんな目で見ていいの？」

「それは人を小ばかにしているのではないか」と思うかもしれませんが、決して小ばかにしているわけではないですし、見下しているわけでもありません。

哀れみの目で見る、ということは菩薩の目で見ていることと同じなのです。菩薩は、人々が苦しんでいる姿を「あぁ、なんと哀れな」という目で眺め「助けてあげよう」と、人々を救うことをします。

我々は、菩薩ではありません。ですから、人を救うことなどできません。しかし、人を哀れみの目で見ることはできます。そこだけでも、菩薩に近付けばいいのです。つまり、哀れみの目で見ることは決して悪いことではないのです。むしろいいことなのですよ。

勝手なことをと思うかもしれませんが、イライラしたり、怒ったりするよりは、相手を「かわいそうだなぁ、哀れだなぁ」と思って見たほうが、お互いのためになるでしょう。なぜならば、そのような目で見れば、苛立つことなどありませんから、感情的になることもケンカが始まることもありません。大変、平和的です。

ちなみに、「かわいそうに、そのうちバチが当たるのに。今のうちに気がつけばいいのに」などと思っても、なかなかバチが当たらないことがあります。

「あんなにあくどいことをしているのに、ちっともバチが当たらない。正直に生きるのがばかみたいだ」

と愚痴をこぼすオバサンによく出会いますが、バチはいずれ当たります。ですので、イライラしないでください。お釈迦様は、

「悪が熟さない限り、たとえ悪い者といえども楽しみを経験する。しかるに悪が熟するや、悪しき者は、もろもろの悪を経験する」

と説いています。つまり、悪いことをしている者は、いずれバチが当たる、というわけですね。ですから、周囲に迷惑をかけるようないやな相手や、威張っているだけで無能な人も、いずれつらい目にあうときが来るのですよ。かわいそうではないですか。哀れみの目で見てあげましょう。

何かと思うようにいかなくて、苛立つこともあるかもしれませんが、その感情が特定の人物の影響から生じているのならば、その相手を哀れみの目で眺めてみれば、気持ちも鎮まってくることでしょう。

お坊さんの一言

いやな相手は「哀れみの目」で見てあげればよいのです
それは菩薩の目で見ていることと同じなのです

06 苦行でも快楽でもない「適当」の勧め

その苛立ちが周囲からの影響でもたらされるものではなく、自分自身で生んでしまっていることもあります。不甲斐ない自分に腹が立つ、イライラする、という場合ですね。目標が達成できないと、ものすごく悔しくて不甲斐ない自分にイライラしてしまうという方の相談を受けたことがあります。

周囲の人は、「それくらい、いいじゃない」と言うのですが、当の本人は許せないのですね。「いいわけないじゃない。よくない」と泣き叫び、家族に八つ当たりしてしまうこともあるということでした。

目標に向かって頑張ることは大切でしょう。しかし、できないからと言って、イライラすることはないと思います。できなければ、また挑戦すればいいのですから。

何度やってもうまくいかずに苛立っているのなら、いっそのことその挑戦を止めてしまえばいいのです。目標を変えるのです。あるいは、目標のレベルを下げるのもいいでしょう。

このように不甲斐ない自分に苛立ってしまう人は、真面目な方が多いですね。また、常日頃「自分はこうでなくてはいけない。人はこうでなくてはいけない」などという、枠を決めている方が多いように見受けられます。

その自分で決めた枠からはみ出たり、その枠に合わないことがあったりすると、どうしようもなくイライラしたり、悩んでしまうのですね。たまには「まあ、いいか」と、少しいい加減になってもいいと思うのですが。

お釈迦様も、苦行だけでは悟れないといって、苦行を捨て去っています。悟りに挑戦するのはいいけれど、苦行だけではダメだ、ということに気づいたのですね。

同時に、快楽だけでもダメです。お釈迦様は、悟りに向かう修行は、苦でもなく楽でもなく、その中間だとわかったのですね。同じように、目標に向かうのも、ただ頑張るだけではダメなのです。ましてや、頑張りすぎは逆効果になります。少しは肩の力を抜き、頑張りすぎず、楽にもなりすぎず、適度な状態を保つのが、理想なのです。

お釈迦様は、このことを弦楽器の弦の張り具合にたとえて説いています。

お釈迦様の弟子に琴が得意な弟子がいました。ある日のこと、修行の仕方を説いているときに、お釈迦様はその弟子に、

「琴の音をよくするには、琴の弦は強く張るべきか、弱く張るべきか」

と問いかけます。その弟子は、

「弦は強くもなく、弱くもなく適度に張るとよい音が出ます」

と答えます。

お釈迦様は、修行もこの弦と同じだ、と説いています。すなわち、修行も激しすぎず、楽すぎず、適度がいい、ということですね。

自分の不甲斐なさにイライラしてしまう人は、真面目な人なのです。目標が高すぎるのですね。本来目標というものは、低いところから順に高めていけばいいのです。

また、入れ込み過ぎれば、物事が見えなくなることもあります。視野が狭くなるのですね。ちょっと力を抜いて、適当さを覚えるほうがいいでしょう。

枠を決めて「こうじゃなきゃいけない」という考え方は、融通が利きません。そういう方は、その枠にはまらない事柄を認めようとはしません。枠からはみ出たものや行為を否定してしまいます。それは世間を狭くしていることと同じでしょう。

自分の枠、尺度が正しいとは限りません。周囲の人のとらえ方と異なることは大いに

あることです。

「常識というものがあるではないか」と思われるかもしれませんが、そもそも常識は枠が広いものです。自分と他人の常識が一致するとは限らないのです。常識というものは、その大きさに幅があって余裕があるものです。それを認識していないと、自分だけの常識にとらわれることになってしまいます。

そんな枠など取っ払ってしまったほうがいいのです。枠など決めていると、そこに当てはまらないことが起きると、現実拒否をしかねません。初めから枠など決めずに、自由な考え方ができれば、視野も広くなるし、許容範囲も広くなることでしょう。

自分で視野や許容範囲を狭くして、自分の首を締めるようなことをするのは、あまり賢いとは言えません。

「こうじゃなきゃいけない」ではなく「こうであってもいいじゃないか」という考え方をした方が、世の中を楽しく生きることができるのです。

お坊さんの一言

「こうでなければいけない」という枠は捨ててしまいましょう
肩の力を抜いて自由な考え方をすれば楽になりますよ

第2章

イライラしない人になるために私がしたこと

世間ではお坊さんはあまりイライラしないと思われているようです。

確かに、お坊さんはいつも穏やかな表情で、何の苦労もなく、イライラなどしないような雰囲気を出しております。しかし、それは初めからそうだったわけではなく、そのような心境に至るには、いろいろな苦労をしているのです。

もちろん、既定の修行だけで穏やかな境地に至る方もいるでしょうが、私自身はそうではなかったですね。

私の場合、今でこそイライラなどしませんし、怒ることもほとんどないのですが、この境地に至るまでには、十数年の年月が必要でした。

特に住職になりたての頃などは、毎日のようにイライラしていたくらいです。そのせいで胃潰瘍《いかいよう》・十二指腸《じゅうにしちょう》潰瘍を患い、夜中になると胃が痛くて転げまわりました。病院に行ったら、

「よく今まで我慢していましたね。もうすぐで胃に穴が開くところでしたよ」

と言われたくらいです。ついでに、

「性格を直さないと、この病気は治りませんよ」

と言われました。

こちらのほうが、ショックが大きかったですね。まさか、そんなことを言われるなんて夢にも思っていませんでしたから。

というのも、自分は正しい、間違っていない、と自負していたからです。自分の性格を直さないといけないなどとは、思ってもみなかったからです。

それから十数年をかけて、私はイライラすることのない日々を送れるようになりました。どのようにして、そうなったのかを私の経験を踏まえてお話しいたしましょう。

01 プライドを捨て、未熟者を自覚する

私のお寺は、いわゆる信者寺です。檀家さんがなくて、信者さんだけで成り立っているお寺です。信者さんは、様々な悩みを抱えて寺にやってきます。そして、お寺で話を聞いて、考え方を変えたり、生き方を変えたりしていくわけですね。

ですから、大事なのは相談に訪れる方に対する「お話」なのです。その方たちが納得できる話ができなければ、意味をなさないのです。

住職になりたての頃は、私は補助的なことをしておりました。相談に来られた方に話をするのは、父親でした。私は、順番を待っている方や、お話が終わった方に対して仏様のお話をするという役割だったのです。

ところが私の話に対する反応はとても冷やかでした。はっきりと、

「そんな話をされても、現実はそういうわけにはいかないですよ」

「そんな理想的なことを言われても」

と言われることもありました。それでも、お釈迦様の教えを広めることは重要だと思い、話を続けたものです。

しかし、思うようにはいかないものです。そのうちに誰も話を聞かなくなります。現実離れしている、役に立たない、そんなことを聞きたいわけじゃない、など批判は多かったですね。

しかも、寺にはよくあることなのですが、古参の信者さんたちは、私などは眼中にないくらいでしたから、やりにくいことこの上なかったです。それでも、自分は正しい、間違ったことはしていない、正しい教えを説いているのに聞かない方がいけないのだ、と自分を曲げずにいたのです。さらには、

「自分は高野山《こうやさん》で修行して阿闍梨《あじゃり》になったのだ。あなたたちとは違うのだ」

という、自惚《うぬぼ》れも強かったのです。

そうした点を父に注意されてはいたのですが、自分は間違っていない、と思い込んでいましたから周りが間違っているんだと、毎日イライラしていたわけです。

そうしたことが原因で、胃潰瘍・十二指腸潰瘍になり、医者から「性格が悪い」と指摘され、目が覚めたのですね。そのとき、初めて気がついたのです。それ以来、「自分は間違っていたのではないか。このままではいけないのではないか」ということを考え

るようになりました。そして、「なぜ、こんなにもイライラしているのだろう」ということを考えるようになったのです。

なぜ、イライラしているのか。その答えは簡単です。誰も私の話など聞いてくれないからです。誰も私を大事に扱ってくれないからです。今思えば、そんなことは当たり前のことなのですが、当時は若かったのですね。実績もないのに、誰も話など聞かないでしょう。実力もないのに、誰も尊敬はしないでしょう。そんなことは当然のことですよね。しかし、当時は、その当然のことすらわからなかったのです。それは、自分は修行をしてきたのだ、という自惚れが強かったからですね。

私は反省しました。これではダメだ、自分が変わらないといけない、と思ったのですね。そこで、まず、忘れなければいけないと思ったことは、「修行した阿闍梨である」ということでした。資格があるだけでは、社会では通用しない、ということに気づいたのです。それは、つまり「自負心やプライドを捨てよ」ということですね。自分は小僧なのだ、という自覚を持とうと思ったのです。

これは、新入社員の方々にも当てはまることなのではないでしょうか。いくら高学歴の大学を出ようが、いくら特殊な資格を持っていようが、社会に出たならば、それはあまり意味をなさないもの、と思っていた方がいいでしょう。むしろ、

「自分はこんなに高学歴なのだ」

「私にはこんな資格がある」

というプライドが邪魔をすることはたくさんあります。そうしたプライドが高ければ高いほど、現実社会ではイライラすることが増えてくるでしょう。

社会に出たならば、新入社員はヒヨコです。高学歴だ、資格がある、などといっても、通用しません。いくら高学歴であっても、資格があっても、実践でそれを証明できなければ、高い評価は得られません。

むしろ、高学歴や資格にこだわってしまうと、会社での評価と自己評価とのギャップに悩んでしまうでしょう。挙句の果てに、

「この会社では自分は生かされない」

などと言って、辞めることになるのです。

社会に出たばかりならば、学歴も資格も、初めからものを言うわけではありません。その実力を見せてから、「さすが高学歴だね」とか「資格を持っていると違うね」と評価されるのです。そこをよく理解して、変なプライドを持たないようにしないと、イラ

イライラする羽目になるのです。ですから大切なのは「まずはプライドを捨てること」なのですね。

プライドを捨てれば、自分は小僧である、ということを素直に受け入れられます。すると、小僧なのだから、未熟者なのだ、ということも受け入れられます。そして、未熟者だからこそ、できなくて当たり前だ、と思えるのです。一種の開き直りですね。

自分は未熟者で、世間を知らないからできないことはいっぱいある、と認めるのです。すると、注意されても、

「そうなんですか、知りませんでした。以後気をつけます」

と言えるようになるのです。そして「次からは気をつけよう」という気持ちが生まれてくるのです。さらに、むやみに自分を責めることも自己嫌悪に陥ることもありません。

「プライドを捨て、未熟者であると自ら認めること」

これは、イライラ防止の第一歩でしょう。

お坊さんの一言

つまらないプライドがあるから反発心が生まれるのです
まずは自分が未熟者であることを自覚しましょう

02 流れに身を任せ「まあ、いいか」で生きる

　プライドを捨て、自分のことを未熟者だと認めると、随分気持ちが楽になります。ただ、心からそう思えるようになるには、結構な時間が必要でしょう。

「仕方がない、未熟者だから」と自分に言い聞かせるのですが、私自身の場合も、注意されたことがいつまでも気になってしまったり、腹が立ったりしたものです。プライドというのは、なかなか捨てがたく、口では謙虚なことを言うのですが、心の奥底では疑問に思ったり、反発しているのです。

　特に年齢的に若いと、妙なプライドが残っているのですね。そうしたプライドが残っている以上、たまにそれが表面に出て態度に現れるのです。すると途端に、

「なんだ、その態度は」

と注意される羽目になるのですね。とかく、思うようにはいかないものだなぁ、と溜息の毎日でした。

ある日、その溜息で気がついたのですね。そう、「世の中は思い通りにはならない」のです。そんなことは、わかっているはずでした。仏教関係の本はたくさん読んでいますから、世の中は何一つ思い通りにはならないことは真理である、ということくらい、当然知っています。知ってはいますが、役に立ってはいなかったのですね。

いくら知識があっても、それが生かされていないのでは、知らないことと同じでしょう。そこで改めて、「世の中は思い通りにはいかないものだ」ということを自分に当てはめて考えてみたのです。

何一つ思い通りには、できていませんでした。高野山から戻ったら、こんな活動をしよう、こういうことを説いて聞かせよう、と思っていたことがたくさんありました。また、その結果、みんなが自分を尊敬するであろう、と夢想していたのですね。今から思うと恥ずかしくも恐ろしい限りですが、本気でそう思っていたのです。いずれにせよ、思い通りになるどころか、相手にもされない状態でした。私は溜息をつきながら、

「思い通りにならない、ということは、本当に真実だなぁ」

と噛み締めたものです。

しかし、思い通りにはならなくても、自分の存在など忘れたかのように、世の中は進んでいきます。つまり、「自分の思い通りにはなっていないが、世の中はなるようになって進んでいく」ものなのです。

これに気がついたとき、正直に言いまして、力が抜けました。

特に頑張らなくても、一生懸命努力しなくても、世の中はなるようになっていくものなのです。たまたま、自分の努力が実って、自分の思う通りに運ぶことはあるけど、それはほんのわずかであって、多くは自分の思惑や努力とは関係なく、なるようになっていくのです。

たとえば、努力したことが、ちゃんと結果として現れないこともあるのです。これだけのことをしたのだから、それに見合ったお返しが来る、とは限らないのです。

自分が望んだ通りにはならないのが世の中なのですね。

しかも、自分というものは周囲にそれほど大きな影響は与えないものなのですよ。世の中は、なるようになっていくのです。

そう思ったら、ものすごく楽になったのですね。

「自分なんて小さなものだ。自分が失敗したとしても、一生懸命に努力をしたとしても、それほど影響はないものなのだ。世の中なるようになっていくのだ」

こう思えるようになると、「まあ、いいか。何とかなっていくだろう」とも思えるようになるのですね。すると、失敗をして怒られても、周囲が自分の思うように動いてくれなくても、仕事が思うようにはかどらなくても、

「思うようにはいかないものだ。でも、周りは流れていく。まあ、いいか……」

と思えるようになり、気が楽になるのです。

ちょっと投げやりかもしれませんが、それぐらいでちょうどいいのですよ。イライラする人は、真面目な人ですからね。少し不真面目なくらいでちょうどいいのです。

お坊さんの一言

自分がいてもいなくても世の中は進んでいきます
たまには「まあ、いいか」と力を抜くことも大切なのです

03 他人に期待しない、あてにしない

他人は、あてにはなりません。いろいろ自分のことを話しているからといって、

「これくらいのことはわかってくれるだろう」

「この人は自分のことを理解してくれるだろう」

などと思っていたら、大間違いですね。

自分の言いたいことや気持ちをなるべくわかりやすく話しても、真意はなかなか伝わらないものです。

たとえば、私が信者さんに対して、こうしてほしいと思うことがあったとします。そこで、比較的よく話をしている信者さんで、私のこともわかってくれていると思われる人に相談し、みなさんに伝えてもらうようにお願いしたとします。その方は、

「あなたの言っていることはよくわかるよ。わかった、みんなに伝えておくよ」

と答えてくれます。

俺に任せておいてよ、という感じですね。そう言ってもらえれば、こちらとしては期待して待っています。ですが、返ってくるのは、

「一応、伝えておいたからね」

の一言だけなのです。

以前と何も変わらないどころか、むしろ「若僧のくせに」という批判が増え、余計にやりにくくなってしまいます。そこで、イライラして「話が違うじゃないか」などと言おうものなら、「うるさい。若僧のくせに。何もわかってないくせに偉そうなことを言うな」と返ってくるだけです。

これはショックが大きいですよね。期待していた分、衝撃は大きなものになります。自信を無くしますし、立場も悪くなりますし、胃がキリキリと痛むこと、間違いなしです。

他人がやってくれる、と期待するよりは、自分で動いた方が早いし、確実です。特に他人を介して、別の他人を動かそうなどということは、無理な話だと思ったほうがいいでしょう。結局は、他人などあてにはならないのです。

このことに気がつき、理解できるようになるには、随分と時間がかかりました。ついつい、人を当てにし、自分のことを理解してくれるのではないか、と期待してしまうこ

とが多かったのです。

しかし、そのたびに期待外れで、意気消沈したり、怒ったり、イライラしたりの繰り返しでした。胃も痛むはずですね。

うちのお寺の性質からなのか、大きなことを言っていく人がたまにいます。

「私の祈願が叶ったら、寺の一つや二つ寄付してあげよう」

何度、こうした言葉を聞いたことか。実際、このように宣言される方は、財産のある方が多いですね。ですので、

「はあ、ありがとうございます。では、そのときには……」

と期待半分、まさかと思う気持ち半分で受け止めます。しかし、そのうちに期待の方が大きくなってしまいます。

人間は欲が深い生き物なのです。ついつい、期待をかけてしまうのです。ですが、実際に祈願が叶った方で、ご自分が宣言されたことを実行に移された方はいません。祈願が叶ったとたんに、お寺には来なくなります。

まあ、そういうものなのですよ。人間は、欲が深いですから、いざとなれば自分を守らねばなりませんからね。

こうしたことに、いちいち腹を立て、「嘘をつかれた」などと思っていては、身がも

ちません。人は、自分が一番大事なのです。他人のために、自分を犠牲にすることなど、有り得ないのです。

いや、他人のために自分を犠牲にする人もいるかもしれませんが、そうした人は稀有《けう》でしょう。誰しも自分が一番かわいいし、自分が一番大事なのです。

「お坊さんのくせに、そんなことを言っていいのですか」

とおっしゃる方もいるかもしれませんが、

「私は、自分よりも他人のことのほうが大事です」

と言われるより、いいと思っています。なんだかんだ言っても、他人の家よりも身内でしょうし、他人よりも自分でしょう。これは、特定の人にあることではなく、誰もがそう思うことなのです。

「あの人は自分さえよければいいんだ。期待した私がばかだった」

と思うから、イライラしたり、腹が立ったりするのです。裏切られた、とね。しかし、誰もが自分がかわいいのです。自分を守るためならば、他人の期待に添えないことはあるのです。立場を変えてみれば、それはわかることでしょう。

そう悟るまで、随分と時間がかかりましたが、悟ったあとは、ものすごく気持ちが楽になりました。それ以来、他人に期待しなくなったからです。他人をあてにすることをやめ、自分で行動するようになると、そのほうがよっぽど確実ですし、楽なのですね。

これは、家族にも当てはまります。奥さんやご主人に期待してはいけません。「これくらい、言わなくてもわかってくれるだろう」では、ダメなのです。

お子さんにも期待してはいけません。過度な期待は、お子さんに大きなプレッシャーをかけ、せっかくの才能をつぶすことにもなりかねません。

周囲の人への期待はやめましょう。他人をあてにするのは、やめましょう。誰もが、自分が一番大事なのです。自分を守るためには、他人を裏切ることもあるのです。出し抜くこともあるのです。

そう理解すれば、周囲の人が期待通りに動かなくても、イライラはしませんよ。

お坊さんの一言

他人に期待をするからイライラしてしまうのです
自分で行動したほうがよっぽど確実ですし、早いのです

04 他人のことなどどうでもよい

このような見出しをつけると、誤解が生じそうなのですが、決して傲慢《ごうまん》な人間になれ、と言っているわけではありません。

他人のことに注目したり、気をかけたり、いちいち口をはさんだりしないように、ということなのです。

「所詮、他人は他人、どうでもいいことだ」と思えるようになれば、電車や町中でマナー違反を見つけても、イライラするような人に出会っても、無視できるようになるのです。

もっとも、犯罪行為を見た場合は別ですよ。それは人として、通報などをするべきでしょう。あるいは、けがや病気の人と出会った場合も同様で、しかるべき手段をとるのは、人間として当然でしょう。

そうしたことではなく、電車内で化粧をしているとか、何かを食べているとか、携帯電話で話をしているとかいった、ちょっとしたマナー違反（そうでない場合もありますが）、不快感を与える行為に出会ったとき、イライラしないで、

「所詮他人だ。関わらないでおこう」

と思った方がいいということを言っているのです。

他人なのだから、放っておけばいいのだ、ということですね。下手に関わって、ケンカなどになったら大変です。見ず知らずの他人のことで、自分が傷つくのはばからしいですからね。

また、他人が困っているとき、「頼まれもしない」のに手を出したり口を出したりする人がいますが、それもやめたほうがいいのです。

「そんな不親切なことを言っていいのですか。困っている人を見たら助けるべきでしょう」

と反論されるかもしれません。しかし、頼まれていないのなら、手や口は出すべきではないのですよ。

手助けをした相手が、あなたの言うことを聞いて指示通りに動いたとします。それでうまく事が運んだとします。そのときは、感謝されるでしょう。

しかし、うまくいかなかった場合は、「あなたが余計なことを言ったからでしょ。責任とってよ」と恨まれるだけですね。

実際、親切のつもりで手や口を出したことが、裏目に出てしまうことはよくあります。それは、手や口を出した人がいけないのです。頼まれてもいないのに、手や口を出せば、それは大きなお世話なのです。なのに、人は、「せっかく、面倒見てやったのに、何さ、その言い方は」と、むくれて怒るのですね。

一方、あなたの手出し口出しを受け入れなかった場合、「うっとうしい人」と思われるだけです。また、あなた自身は「せっかく親切で言っているのに」とイライラすることでしょう。結局、他人のことに口出しをしたことで苛立つことになるのです。ならば、所詮他人のことなのですから、頼まれてもいないことには、手も口も出さないことです。

私のお寺には、日々、いろいろな相談が持ち込まれます。

私はその応対をしますが、相談されたことにしか答えません。相談されていないことまで口出しすれば、「それはどういうことですか」と、大ごとに発展してしまうこともあるのです。

物事には順序があります。今言わなくてもいいこともあります。本人が自分で気づいて自分で解決することもあるのです。聞かれてもいないことを言って、「余計なことを言ってくれるものだから、気になって仕方がなくなった。どうしてくれるのだ」

という苦情を受ける羽目になるのです。

しかし、こちらは親切心で言ったという気持ちがありますから、その反論が言いがかりに聞こえるのですね。「転ばぬ先の杖」と思って言ったことが、「余計なこと」になるのです。

「なんだかんだといっても、他人のことだから、まあいいか。困ったら何か言ってくるかもしれないし」

と思えば、イライラすることもないのです。

人は、自分が一番大事なのです。自分が傷つくことを嫌う生き物なのです。ならば、極力他人と関わることは避けたほうが賢明でしょう。他人と関われば、自分が傷ついたり、イライラしたりすることが必ず出てきますからね。

友人の相談事も、できれば聞かない方がいいですね。

真剣に悩んでいる話ならば、しかるべき所に相談に行ったほうがいい、と答えるべきでしょう。そんな重い話を聞かされても自分の力量を超えているでしょうから、正しいアドバイスなどできやしないのです。

また、自分が重い悩みを抱えているならば、友人に相談などしてはいけません。その友人が解決できる内容ならばいいですが、それを超えているならば、相談するだけ無駄だし、関係が悪くなるだけです。

他人とは、適度な距離を保って付き合うのがいいのですよ。つかず離れず、なのです。

人間は、結局は自分が一番大事ということを、しっかり理解しておくことです。そうすれば、他人に過度な期待はしませんし、他人のことなどどうでもよくなるのです。そうすれば、イライラすることはなくなるのです。

お坊さんの一言

頼まれてもいないことに手出し口出しをすることはやめましょう
せっかくしてやったのに、という思いがイライラを生むのです

05 すべては遊びと思うこと

多くの信者さんと関わりあってきて、また多くのお坊さん仲間と関わりあってきて、最終的に行き着いたのが、「人生楽しまなければ意味がない。すべては遊びだ」ということでした。

「なんて、ふざけているのだ」

と怒られそうですが、真面目な話です。今も私はそう思っています。

せっかく、この世に生まれてきたのです。何も苦労をすることなどないじゃないか、少しでも楽な方がいいじゃないか。

そう私は思います。ならば、楽しむように考えることなのです。それには、何もかも「遊びだ」と思うことなのです。

この世は苦の世界だ、とお釈迦様は説きました。思い通りにはならぬものだ、と説いたのです。それは確かに真理でしょう。

しかし、だからといって、「あぁ、苦の世界に生きてしまった。いやだ、いやだ」と嘆きながら生きていてもつまらないでしょう。

確かに、思うようにはなりません。思い通りにいくことなど一つもない、とイライラする日々を過ごしてきましたから、よくわかっています。

だからと言って、嘆いていては、暗い人生になってしまいます。それでは結局は、イライラは治りませんし、面白くもありません。つまらない人生を送るよりも、楽しい人生を送ったほうが、いいに決まっています。そう思ったとき、

「楽しまなきゃ損だ」

という考えが浮かんできたのです。

プライドも捨て未熟者だと自覚もした。思い通りにはならないということもよく理解した。他人に期待もしないし、他人をあてにすることもやめた。他人のことにむやみに口出ししないようにもした……。

確かにイライラは減ってきました。しかし、それだけでは何かが足りないのです。イライラはしないかもしれませんが、面白くないのですね。

なぜ面白くないのか。それは、結局は我慢しているからなのでしょう。

今でこそ、プライドもありませんし、自分は未熟者だと心から言えますが、当時はしぶしぶそう思い込もうとしていたのですね。

また、今でこそ思い通りにならないのだと心から思えますが、当時は、わかってはいるけど思い通りにしたいという気持ちが残っていたのです。

他人は当てにはしないようにしました。所詮、他人だ、関わりは深く持たないように、と思うようにはしました。しかし、それは友人を少なくすることでもあり、若かったころは、淋しいことだったのです。

イライラは少なくなってはきました。それでも、胃や十二指腸あたりが痛むことがありました。そのたびに、

「思い通りにはならない。まあ、仕方がないさ」

「未熟者だから仕方がない、まあ、いいか」

「期待した自分がばかだった。所詮、他人は当てにはならない」

「人のことなどどうでもいいじゃないか。まあ、いいさ」

と思うようにしてきました。

しかし、虚しいのですね。つまらないのです。

お釈迦様の説いたことは、確かに正しいです。正しいのですが、面白くないのです。「面白くないのは、当たり前だろ、それが悟りだろ」と御立派な僧正様方から怒られそうですが、面白くなければ、人に教えなど説けないでしょう。

本来、悟りの世界は楽しいはずです。「法楽《ほうらく》」というくらいですから、楽しくなければいけないでしょう。そう考えたとき、

「楽しまなきゃ、意味がないのだ」

と思い至ったのです。そう、

「人生、楽しまなければ、生きている意味がない」

ということに気づいたのです。

楽しむためにはどうすればいいのか。

次に、そう考えました。そのときに、

「菩薩は遊行している」

という一説を思い出したのですね。

菩薩の仕事は、救いを求めている人を救うことです。そして、その仕事のことを「遊《ゆ》行《ぎょう》」というのです。

「遊行」――「遊び行う」。

いい言葉だな、と思いました。仕事は遊行なのだ、ということですね。つまり、仕事を仕事と思うから、つまらないのでしょう。仕事も遊びのうちだ、と理解すれば、仕事が楽しくなるのです。たとえば、仕事をＴＶゲームのように考えればいいのです。

口うるさい上司や周囲の人々は、やたらと意地悪や邪魔を仕掛けてくるキャラクター。

いい加減なことばかり言ったり、偽の情報をもたらしたりする同僚やライバルなどは、あなたを間違った方向に導くキャラクター。

上司から与えられた仕事は、こなしていかねばならないクエストやイベント。

自分は勇者、もしくは魔導師ですね。主役です。

主役のあなたは、様々な困難を乗り越え、与えられた仕事（クエスト、イベント）をやり遂げていくのです。うるさい上司や無理難題を言う取引先の言葉を巧みにかわし、使命を果たしていくのです。

うまくいかないときは、作戦を立てるか、何かアイテムを手に入れるか、自分のレベルを上げるか、をすればいいのです。そう思って仕事に取り組むと、楽しくなってくるものです。

マナーの悪い人を見ても、楽しんでしまえばいいのです。常識がない人を見たときも、笑ってすませばいいのです。「恥ずかしいよねぇ。笑いものだよねぇ。今どきあんなことをしているなんて」と笑ってしまえばいいのです。

人生は一度きりです。あまり真面目に考えないで、少しふざけて、面白がって考えるほうが、気持ちに余裕が出てくるのです。せっかくの人生なのだから、楽しまなければ意味がないでしょう。

もちろん、法律違反はいけません。また、家族や他人を悲しませたり、苦しませたりするような行為もいけないでしょう。そうしたことさえ守れば、人生を楽しむような生き方をした方がいいのですよ。

お釈迦様は、この世は苦の世界だと説きました。

しかし、人は苦しむために生きているのだ、とは説いてはいません。この世は苦の世界ですが、苦しむために生きているわけではないのです。苦の世界をできるだけ楽に生きようと説いているのが仏教なのです。

そのことが理解でき、楽に生きていいのだとわかって以来、イライラすることは、ほとんどなくなったのです。たとえ、イライラするような場面に出会っても、「これを楽しむには……」と考えるようになりました。そうするうちに、イライラなど忘れてしまうようになりました。

すぐにはできないことだと思います。私も十数年かかりました。それでも、何もしないよりは、イライラは少なくなるでしょう。

①プライドを捨て、未熟者と認める
②思い通りにはならないから、まあいいかですます
③他人に期待しない、他人をあてにしない
④他人のことなどどうでもいい、自分を大事にする
⑤人生を楽しもう。すべては遊びと考える

私は、この五つのことを心がけて、イライラしやすい性格を直していったのです。ぜひ、みなさんも、試してみてください。

お坊さんの一言

人は苦しむために生きているわけではありません
せっかくなのですから人生を楽しむ生き方をしましょう

第3章

会社や職場で
イライラしたときの対処法

私のところに相談に来られる方の中で、会社や職場での悩みや問題を抱えている方は大勢います。ここでは、部下と上司の立場から、イライラをどのように解消していけばいいのかを見ていきましょう。

まずは上司とうまくいかない方のために、上司との付き合い方を考えましょう。

その上司は、どのような人でしょうか?

いろいろなパターンをあげてみましょう。

01 大きな声で怒鳴るタイプ

このような上司には、素直に謝るのが一番良いでしょう。

怒鳴られたり、怒られたりすると、腹が立つものですが、そもそもミスをしたのは自分自身です。まずは、自分の未熟さを素直に認めることが大切ですね。

仏教の教えに「如実知自心《にょじつちじしん》」という言葉があります。

「実のごとく己を知る」という意味ですが、それは自分自身の能力をよく知り、己の未熟さを認める、ことでもあります。

怒られて腹が立つのは、怒られたこと自体が面白くないだけなのです。真実は、あなたが未熟だからいけないのです。失敗したのは、あなた自身なのですから、怒られて当然であり、反発する方がおかしいのです。

と、私は上司に怒鳴られていやになるという相談に来られる方に説きますが、そうはいっても、なかなか素直に「はい、そうですね」とは言えないものです。「そんなことはわかっています。それでもムカつくのです」というのが本音なのですね。

こうした場合のいい対処法があります。

それは、「嘘でもいいから、大きな声で謝ってしまう」ことです。

たとえば、上司があなたに、

「また、同じミスをしたのか！ いったい何度言ったらわかるんだ！」

と怒鳴ったとしましょう。こうした場合、たいていはその後に、

「大体だな、お前はこの間も……」

という長い説教が始まります。ですので、その前に、

「申し訳ございません。また同じミスをしてしまいました。すぐにやり直します。今後とも、ご指導ご鞭撻《べんたつ》のほどお願い申し上げます」

と大声で言い、頭を下げてさっさと自分の席に戻るのです。

実際、このように対処した方がおりました。上司はびっくり、周りの同僚たちも唖然としたそうですが、後々「アイツはできるヤツだ」と評価があがったそうです。

相談に来られた本人も、いつも上司の怒鳴り声にイライラしていたのが、すっきりし

た上に、仕事に取り組むやる気も出てきたそうです。

その方の場合、また怒鳴られるのではないか、とビクビクしたり、イライラしたりしていたために、余計にミスをしてしまっていたのでしょう。怒鳴られても、早めに謝ってしまえば切り抜けられるし、印象もよくなることがわかり、自信がついたのです。

この方法の重要なポイントは、まず自分の未熟さを素直に認めることと、大声で謝る勇気ですね。また、謝るタイミングも重要です。なるべく早めに謝って、早めに自分の席に戻り仕事をすることが大事です。

上司も周囲もびっくりして、気分がいいこと間違いなしです。あとでイライラするくらいなら、勇気をもってこの方法にチャレンジしてみてください。

お坊さんの一言

怒られて腹が立つのは怒られたこと自体が面白くないだけ
素直に謝って気持よく次の仕事に打ち込みましょう

02 ぐちぐち、だらだら説教が長いタイプ

こういうタイプの上司にはうんざりしますね。いつまでもダラダラと説教が続きます。話が終わったと思い、席に戻ろうとすると、

「まだ話は終わってないよ。なんで戻るの？」

と、ねっとりとした目つきで睨み付けるのです。

このような上司には、本当にイライラさせられます。「しつこい！」と叫びたくなりますね。


ある相談者の上司は、まさにこのタイプでした。

その相談者は、毎日のように小さなミスを咎められては、ネチネチと説教をされていました。ここまで来るとイジメですね。その状況に困り果てて、上司のさらに上の上司に相談しましたが、「まあ、うまくやってよ」と言われただけだったので、私のところ

に転職した方がいいのかどうかを相談に来られたのです。私はその方に、このように話しました。

「せっかくいい会社に入ったのに転職はもったいない。ましてや仕事を辞めても就職先がない。なので、会社を辞めるのではなく、上司に対応しましょう」

イライラの原因はわかっています。上司のネチネチした説教ですね。これは、もうどうしようもありません。その上司は根本的にネチネチした性格なのですから、それを部下である者が変えることなどできません。なので、一つの方法は、

「この上司はこういう性格なのだ。いやな人なのだ」

と、納得し、抵抗することをあきらめるのです。

いくら腹を立ててもその上司の性格は変わりません。苛立つだけ自分が損をします。なので、早めにあきらめることです。このように伝えますと、相談に来られた方は、こう答えました。

「そう簡単にあきらめられるなら、やっていますよ。なかなかそういう気持ちになれないから相談に来たのです」

なるほど、もっともなことです。そうそう簡単にはあきらめがつかないでしょう。

そこで、もう一つの方法をお話ししました。

それは、仏様や菩薩のように哀れみの心を持つことです。

もちろん、私たちは仏様でも菩薩でもありません。ですが、性格の善し悪しの差はあります。ネチネチと意地悪な上司より、そのことにイラついている人のほうが性格はいいでしょう。性格がいいから意地悪な上司にムカつくのですからね。

ということは、その上司よりも性格のよい人は、性格的に問題があるその上司を哀れみの目で見ることができるのです。

「あぁ、この人は、いやな性格なんだなぁ。きっと家庭でも家族からいやがられているのだろうなぁ。案外、かわいそうな人なのかもしれないなぁ。いや、きっと、子どものころから嫌われていたのかもしれない。かわいそうな人生を歩んできたに違いない。あぁ、哀れな人なのだ」と。

「そんな目で上司を眺めてもいいのですか」

と相談者の方は尋ねましたが、決してさげすんでいるのではありませんから、構いません。あくまでも菩薩と同じ哀れみの目で見るのです。

ネチネチと説教の長い上司にイライラしたときは、その上司を哀れみの目で見ましょう。初めは難しいかもしれませんが、そのうちに本当に「かわいそうな人なのだ」と思えてきます。そうなれば、イライラもすっきり解消できます。

相談に来られた方も、すぐにはできませんでしたが、次第にできるようになり苛立つこともなくなってきたそうです。

お坊さんの一言

人の性格を変えることはできません
それよりも「哀れみの目」で見ることでイライラを解消しましょう

03 口だけで仕事ができない、仕事をしないタイプ

こういうタイプの上司は、どこにでもいますね。立派なことを言ったり、自慢話ばかりしたりしているから、さぞかし仕事ができるのだろうと思いきや、まったく仕事ができない、あるいは仕事をしないというタイプです。

この場合、自慢話は聞き流すのがベストですね。「あぁ、またいつものが始まった」程度に思い、聞き流して仕事に徹するのみ、ですね。

理想論ばかりで中身が伴わない場合も同じでしょう。話は聞き流して、自分のやるべきことをやるのです。とはいえ、このような上司がいると、

「口では立派なことを言うくせに何もできない。あぁイラつく、あんな上司の下にいて大丈夫なのか」

「偉そうにしているくせに、ちっとも仕事をしないんだからなぁ」

と思ってしまうのが人間です。

このような上司がなぜイラつくのか？　それは、上司だから、ということで、上司らしいことを期待してしまうことにあるのでしょう。

上司だから指導をしてくれる、助けてくれる、的確な指示をしてくれる……。そう期待してしまうのです。立派なことを言う上司だと、余計に期待しますよね。ところが、その期待は見事に外れ、口だけで何もしないことがわかると、イライラしてしまうのです。そこで仏教的考え方の出番になります。

仏教は本来、自己探求の教えです。周囲に何かしてもらおうというのではなく、自分で修行をして悟るのだ、という教えです。悟りは、自分の力で得るものなのですね。

その応用が「期待しない」ことです。

口だけで仕事をしない上司のイラつきには、この教えを応用しましょう。

私のもとに、このような悩みで相談に来られる方には、私はこの「期待しない」方法を勧めています。

この方法を実践するには、順番があります。

まずは、上司は口だけで仕事をしない、ということをしっかり認識することです。このことを認識し、理解することが大切です。

次に、その上司は仕事をしないのですから、何も期待してはいけません。また、口だけなのですから、その上司が言っていることはあてになりません。ですから聞き流しましょう。「はいはい」と返事だけして、さっさと自分の仕事に徹することです。

その仕事に関して、上司が手伝ってくれるとか、助言をしてくれるとか、面倒を見てくれるとか、責任を取ってくれるとか、そのような上司らしいことをすると期待してはいけないのです。上司は、いていないようなもの、と思うことです。

上司は、何も指図はしてくれません。仕事をこなすのは、自分の力なのです。出家者が自分で修行をして悟るように、あなたも上司に期待せずに、自分で自分の仕事をこなしていくことです。

その決意があれば、口だけ立派なことを言って、何も仕事をせずに、文句ばかり言っている上司に行きあたっても、心は揺れ動かないでしょう。これでイライラともお別れです。

お坊さんの一言

仕事ができない上司に上司らしさを期待してはいけません
自分のやるべきことをこなしていくことです

04 上に弱く下に強いタイプ

最も接することが苦痛になるタイプですね。このような人が、なぜ出世できたのか、はなはだ疑問に思いますが、実際にこうした人物はいるのですから困ってしまいます。まともに相手をしていたら腹が立つことばかりですね。

ここにイライラから解放されるポイントがあります。

そう、まともに相手をしないことです。つまり、上に弱く部下にだけ強い上司は、そういう人なのだ、と割り切ることです。割り切ってしまい、その上司の言うことはすべて聞き流すことです。

いずれ、異動もあることでしょう。

世の中、諸行無常です。決して同じ状態が続くことはありません。その上司ともいずれ別れるときが来ることでしょう。それまで、辛抱しながら、あきらめの境地でやり過ごすのも一つの手なのです。

と、相談に来られた方に説くのですが、やはりこれでは不服なようです。

「もう少し何か方法はありませんか」

となるのが本音でしょう。

となると、やはりここは、「哀れみの目」作戦でしょう。上司が上役におべっかを使うたびに、部下に責任転嫁をするたびに「哀れみの目」で眺めることです。

上に弱く部下に強いという人は、大変気の小さい人なのです。周囲の評価が気になって仕方がない人なのです。自信がないのですね。

そういう人が部下から哀れみの目で眺められたら、どう思うでしょうか。部下からの評価が気になって、

「なんだその目つきは！」

と怒る可能性が高いですね。そういうときは、

「いえ、別に。仕事に戻ります」

と冷たくやり過ごすことです。ここで相手にしてはいけません。さっさと自分の席に戻って仕事に打ち込むことですね。

上に弱く下に強い上司には、まずはまともに相手をしないこと、こんな人なのだと割

り切ること、哀れみの目で眺めること、ですね。

どんなにその上司が怒っても、この態度を通しましょう。いずれ、自分の哀れさに気がつくことでしょう。それは、その上司にとってもいいことなのですよ。

お坊さんの一言

上に弱く下に強い人は気の小さな人です
まともに相手にはせず、哀れみの目で眺めることです

05 厳しい上司は菩薩である

そのほかにも、イライラさせられる上司はたくさん存在すると思います。空気が読めない、段取りが悪い、ノー天気だ、お調子者だ、高圧的だ、などなど。

そうした上司にいちいちイライラしていては、身体がもちません。相手がどんな上司であれ、こちらがうまく対応すれば、落ち着いた気持ちで過ごすことができるのです。

その対応法は、相手にしないことであり、割り切ることであり、まあ、こんなものだとあきらめる（納得する）ことであり、哀れみの目で眺めることでしょう。

また、ひとつ大切なことを忘れてはいけません。

それは注意してくれるというのは、自分の未熟さを教えてくれているということです。上司に比べて経験不足であったり、仕事ができない自分に、さまざまなことを教えてくれているのです。そこは、謙虚に受け止めないといけないですね。

仏教には、

「菩薩を苦しめる者は菩薩である」

という教えがあります。これは、

「菩薩を苦しめるほどの者がいたとしたならば、それは菩薩であろう。なぜなら、それは菩薩を修行させていることになるのだから」

という意味です。

あなたを苦しめている上司がいたとしたら、それはあなたを鍛えてくれている菩薩なのです。そのいやな上司のもとで耐え忍べば、きっとあなたは大きな実力が身につくでしょう。

いやな上司であればあるほど、他の上司のもとに行ったときは楽に思えるでしょうし、新しい上司もあなたの出来栄えに喜ぶことでしょう。

振り返ってみれば、憎たらしいいやな上司だったけれど、あの上司のお陰だな、と思えることも多々あると思います。厳しい、いやな上司のもとにいた人が、有能なビジネスマンに育っていくことは多いのです。

「厳しいいやな上司は、自分を鍛えてくれる菩薩である」

と思えるようになったならば、あなたは素晴らしい財産を手に入れたことになるのです。

つまらないプライドや意地など捨てて、

「鍛えてくれて、ありがとうございます」

などと言えるようになれるといいですね。

きっと、そう言われた上司は驚いて言葉に詰まることでしょう。そのほうが、イライラするよりいいですし、仕事もきっと面白くなります。プライドや意地は捨てて、謙虚になることも大切ですね。

お坊さんの一言

厳しい上司はあなたを鍛えてくれる菩薩なのです

上司にイライラさせられている方も多いでしょうが、その逆に、部下の扱いに手を焼いている方も大勢いらっしゃいます。

最近、とりわけ部下の扱いというもので悩みを持っている方が増えているように感じられます。次ページからは部下とどのように接していけばいいのか見ていきたいと思います。

上司の場合と同様に、タイプ別に分けてみましょう。

06 返事はいいが、仕事ができないタイプ

「はい、わかりました」

と元気よく返事をする若い部下。気持ちがいいですよね。そういう部下を見ていると、上司はついつい期待をしてしまうでしょう。

しかし、ふたを開けてみれば、まったく仕事ができていない。こんな部下には、がっかりさせられるどころか、怒り心頭、イライラで胃に穴が開きそうになるくらいです。

そもそも、軽く「はい、わかりました」と返事をする人ほど、わかっていないものです。こちらが説明をして、「うんうん」とうなずいているから、わかっているものだと思ったらそれは大間違いなのです。

私たち僧侶は、いろいろなところで法話をいたします。そうしたとき、「うんうん」とうなずいているおじいちゃん、おばあちゃんがいらっしゃるのですが、こうしたおじ

いちゃん、おばあちゃん、実は話を聞いていないことが多いのです。うなずいているだけ、なのです。話の途中で確認をすると、まったく答えられません。聞いていないのですから、答えられるわけがないのです。「何だったかな」と苦笑いですね。お陰で周囲は笑いに包まれ和むのですが、仕事はそんなわけにはいきません。

簡単に返事をする人は、まず内容を把握していないと思ったほうが正解です。このようなタイプの部下を相手にする場合は、必ず確認を取ることが大事です。

相談に来られた上司の方にそう言うと、たいてい、

「子どもじゃないんですよ。いちいち復唱させるのですか？」

と言って、そんなことは、という顔をされます。

しかし、確認しないと何も解決しないのです。こういったタイプは、あわて者やそそっかしい者、せっかち者が多いのです。話の途中で、他のことを考えたり、ボーっとしたりしているのです。だからこそ、仕事ができないのでしょう。

ならば、まずは本当に仕事内容を理解しているのかという確認が第一ですよね。その次に仕事の進め方や方法の確認です。

そのように、一つ一つ確認してあげないと、その部下は育ってはいきません。地道な作業に苦労しますが、次世代を育てることも上司の役割ですから、それは「仕事」とし

て割り切りましょう。

このような話をある小さな会社経営者の社長さんにしました。その社長さんは、「では、そのようにやってみましょう」と言って帰っていったのですが、その一年後のことです。

「まったくダメです。成長どころか、進歩なし。むしろ、後退しているくらいです」

話を聞きますと、確認をしてもダメ、段取りを教えてもダメ、一つのことをやらせておけばそれはしっかりできるが、他の仕事が急に入ったりすると、すべてが手つかずになってしまう、とのことでした。

この場合は、その人に今の仕事が合っていないのではないかと疑うのがいいでしょう。

適材適所という言葉があるように、人には向き不向きがあります。どんなに手を尽くしても、仕事が覚えられない、仕事ができないならば、それはその人にとって、合わない仕事なのです。

お釈迦様の弟子に、どうしてもお釈迦様の教えが理解できない者がおりました。何度話をしても復唱すらできないのです。

しかし、その弟子は掃除が得意でした。ですので、お釈迦様は、その弟子に掃除ばかりをさせ、「掃除は心の塵を払うことだ」と教えたのです。するとその弟子は、「心の塵を払う」という意味に気づき、やがて悟りを得たのです。

教えを理解できない弟子に、いくら説教をしても悟ることはありません。同じように、いくら教えても仕事ができないのならば、それはその仕事があっていないのです。別の仕事を回す方が賢明でしょう。

相談に来られた社長さんは、仕事ができない社員に違う仕事をやらせるようにしました。地味ですが、耐久力がいる仕事です。すると、その社員は誰よりもその仕事をこなすようになったそうです。

部下がどうしても仕事を覚えられない、仕事ができないというならば、その部下には、その仕事があっていないのではないか、と疑ったほうがいいでしょう。

よくよく、その部下を観察してみてください。イライラする前に、よく部下の行動を見てみましょう。注意してもできない、教えてもできない、確認してもダメというのなら、その部下にはその仕事は向いていないのです。早めに見切りをつけて、向いている仕事をさせたほうがいいですね。

お坊さんの一言

まずは仕事内容を理解しているかを確認しましょう
しばらく様子を見てダメならば向いている仕事を見つけることです

07 何を考えているのか、よくわからないタイプ

何を言っても返事がなく、反応が鈍い人もいます。あるいは、いったい何を考えているのか想像ができないタイプの人もいます。

このようなタイプの人を相手にしていると、「わかっているのか、どうなんだ。返事をしろ！」と怒鳴りたくもなるものでしょう。

しかし、このようなタイプの人は、怒鳴ったところではっきりした反応があるわけでもなし。がっかりするか、余計にイライラするだけです。

このような部下を抱えている上司の方は、大変多いようで、みなさんは口をそろえてこう言います。

「今どきの若い者は、まるで別の生き物か、別の世界の人種としか思えない」

しかし、よくよく考えてみてください。私が若いころ（今から三十年ほど前）は、私たちは「ニュータイプ」と言われ、まるで異人種であるかのように扱われました。

少し時代が過ぎると、「コンピューターチャイルド」などと言われ、周囲の者とコミュニケーションが取れない、などと嘆かれたものです。あるいは、「ＴＶゲーム世代」などと揶揄され、妙な目で見られたものです。今では、そのような目で見られた人たちが、上司の立場になっているのです。

「あなたたちも、同じように言われ、同じように扱われたではないですか」

と、私はよく話をします。

世代間ギャップというのは、いつの時代にもあるものです。今に始まったことではありません。遥か大昔から「今どきの若いものは」という言葉が繰り返されてきたのです。時代が変わっても、世代間の問題は変わらないのです。

今の若い人たちは、子どものころからパソコンがあり、携帯電話があります。ＴＶゲームも昔のように画像が荒く、横か上に動くだけではなく、臨場感あふれる画像になっています。アナログ世代とは、感覚が異なって当然でしょう。

子ども時代の環境が、それぞれの世代で異なるのですから、大人になっても感覚が異なるのは当然のことなのです。上司のみなさんは、まずそれを理解しておいた方がいいでしょう。そして、自分たちも、

「今どきの若者は理解不能だ」

と言われたことを思い出すべきですね。

「それはそうなんですが、だからといって部下へのイライラは変わらないのですよ」

という焦りの声が聞こえてきそうですが、自分たちも理解不能だと言われていたという認識をもって部下を見直してみると、

「あぁ、なるほど……」

と気づくことも出てくるものです。つまり、こちら側の見方を変えることが第一の対処法なのです。


もう一つ方法があります。私のお寺には、意外にも若い方たちも相談にきます。今どきの若い方たちと話をしているのですが、ちゃんと話は通じます。落ち着いて、穏やかに話をすれば、彼らは決して理解不能な人種ではありません。

たまに「うーん、今どきなんだなぁ」と思うような人もいますが、それはその人の個性である、と理解しましょう。その個性でもって、その人が理解不能な者だ、と決めつけるのはよくないことでしょう。

いずれにしても、どのような若者も、しっかりと向きあえば話を聞きますし、コミュニケーションはとれるものです。

彼らが嫌うのは、頭ごなしに命令されたり、決めつけられたりすることなのです。それは、上司の方々も若いころそうだったのではないでしょうか？

「自分たちも頭ごなしに言われるのはいやだった」ということを認識することは大切なことです。これを踏まえたうえで、今どきの若い者と話をすれば、案外彼らは口を開いてくれるし、心を開いてくれるものなのです。

さらに、今どきの文化を話も聞かないうちから拒否しないことです。

たとえば、オタク文化にしても、「気持ちが悪い。理解できない」と、詳しい話も聞かないうちから拒否しないことです。

これも、自分たちの若いころを振り返ってみればわかることです。大人たちは、いつの時代も、若者文化を「理解できない」と拒否してきました。しかし、「今どきの若者は理解できない」という言葉は、「今どきの若者は理解したくない」という気持ちから出てくる言葉なのです。

つまり、「今どきの若者は理解できない」という言葉の原因は、実は大人側にあるのです。大人側が一歩若者に近づこうとすればいいのです。

「自分たちも昔は拒否されたんだよ」と、話してみれば、案外彼らも「そうなんですか」

と話をするようになるでしょう。上司側が、拒否反応を示しているからこそ、部下側も無反応を装っているのです。

もちろん、上司側が歩み寄っても、理解できない部下、という者もいます。しかし、それは、その部下の個性として見てあげたほうがいいのです。ここはひとつ、大人であることを自覚し、器の大きなところを見せようではありませんか。

無言で泰然自若（仏教では「たいねんじじゃく」と読みます）としている禅僧は、そこに座っているだけでも尊敬されるし、頼りにされます。それは、その禅僧の器の大きさを誰もが感じているからでしょう。それを真似してみるのもいい手だと思うのです。

今どきの何を考えているかわからない部下であっても、無反応な部下であっても、「まあ、そういう個性なのだろう。仕事をしっかりしてくれれば、それはそれで自由だ」と、泰然自若としていることです。

イライラするより、大物ぶるほうが、部下もついてくるものですよ。

お坊さんの一言

若者を理解できないと遠ざけるのではなく
こちらから歩み寄れば心を開いてくれるものです

08 理屈ばかりで実行力がないタイプ

とにかく理屈はこねるが、実践が伴わない部下にもイライラさせられます。

理屈は立派、筋も通っている、確かにそうだ、言っている通りだ、間違ってはいない。ならば、その言っている通りにその部下ができるかと言えば、「そんなことは無理です」と平気な顔で答えるのです。「これにはまいりましたよ」と頭を抱えて相談に来られる方もいます。

「いつもこの調子で、実行不可能なことをいうのですよ。いや、実行不可能なことばかりではないのですが、じゃあ君が責任をもってやりなさい、というと、これがまったくできない。どう扱ったらいいのか、困ったものです」

とお手上げ状態です。

実行不可能なことならば、初めから相手にしなければいいのですが、実行可能で、しかもいいアイディアだったりすると、その提案者にやってもらいたいと思うのが、上司の立場ですよね。

しかし、世の中には、考えるのは得意だけど、実践は苦手という人もいるものです。理屈は得意というのならば、そういう人には企画を任せ、実践はほかの人にやらせるのがいいでしょう。ここは、やはり適材適所ですね。

ただ、屁理屈ばかりこねる部下だと、これはもうイライラさせられる以外何もありません。ああ言えばこう言う、こう言えばああ言う、では、お話になりません。ましてや部下にこのような者がいては、仕事もままならないでしょう。

こういう部下に対しては、もはや相手にしないのが一番いいです。「はいはい、わかった、わかった」と真面目に取り合わないことです。むしろ、「哀れな人間だなぁ」と思ってあげたほうがいいでしょう。

何かにつけて理屈を挟みたがる人、何か一言付け加えたい人、言わなくてもいいのに一言多い人というのは、根底には淋しさがあるのでしょう。相手にしてもらいたい、認めてもらいたいという欲求があるのでしょう。いわば、それがその人の自己アピールなのです。

「何かにつけて上司に対し、屁理屈をこねて逆らう部下に手を焼いているんですよ」

という相談に来られた方に、私は、

「それが、その人の自己アピールなのですよ。ですから、お前の意見はわかった、とその場は答えておけばいいのです。そういう形でしか、その人は自分を表現できないのです。ちょっと悲しい人なのですよ。そういう目で見てあげたらどうですか」

と答えました。

その方はそれ以来、部下が屁理屈をこねると、

「そういう言い方しかできないのか、お前も哀れだなぁ」

という悲しそうな顔で部下をまじまじと見つめたそうです。

そうしているうちに、部下の屁理屈は減ったどころか、「私はどうしたらいいのでしょうか」と、相談にきたそうです。

こうして、その部下は屁理屈をこねることが減り、素直に気持ちを口にするようになったそうです。

イライラするよりも、哀れんであげるほうが、自分のためにも部下のためにもいいことなのですね。根気よく聞き流し、哀れみを注いであげれば、口で注意しなくても、気がつくときが来るものです。

癖を直してやろうとか、屁理屈をなくしてやろうとか、思わないことです。そうした癖や性質は、そう簡単には矯正できないものです。本人が気づき、自分から直したいと思わなければ、直らないものです。注意するよりも、気づかせることのほうが早道です。そのためには、上司側が哀れみの気持ちをもって対応することですね。

お坊さんの一言

理屈ばかりこねる人の根底には淋しさがあります
哀れみを注ぐことで本人が気づくきっかけになることもあります

09 調子はいいが口だけのタイプ

いわゆるお調子者ですね。この手のタイプは、たいていは仕事ができません。できたとしても、雑だったりします。

上司としては、後始末に追われますし、迷惑をかけられイライラさせられます。「毎回毎回、お前はもう！」と怒ってみたところで、のれんに腕押し、糠に釘。話になりません。

これも、その人の性格ですから、そうそう簡単に直るものではありません。まともに相手にしていたら、疲れてしまいます。では、どうすればよいのでしょうか。

お調子者は、それはそれで使える場所があると思います。

まずは、そのポジションが、その部下にあっているかどうか検討してみてください。お調子者は、周囲からは好かれるところがあります。そこは利用してもいいのではないかと思います。ただ、行き過ぎるところがあるので、見守る必要はあるでしょう。また、おだてには弱いので、注意しながらほめることも重要です。

それでも、調子に乗りすぎて失敗することがあるでしょう。その後始末に、上司の方々はイライラを抑えながら、取引先などに頭を下げる羽目にもなりましょう。しかし、上司が頭を下げるのは最後の手段です。できるだけ、自分で処理をさせることです。

お調子者の気質は、何度も繰り返す失敗を自分で処理していかなければ直りません。責任の自覚を持たせるためにも、失敗の後始末はなるべく自分でさせることです。

お釈迦様のお弟子さんにもお調子者はいました。

ビンドーラ（日本では「びんずるさん」として知られています）は、神通力《じんつうりき》が得意な弟子でした。

神通力の使用は、お釈迦様から禁止されていましたが、ビンドーラは、ちょくちょくその禁を破り、神通力を使用してはお釈迦様から注意を受けていました。ビンドーラはちょっとお調子者のところがあり、おだてられるとついつい神通力を使ってしまうのです。

ある日のこと、托鉢《たくはつ》先の街でお祭りがありました。そのときにビンドーラは、周囲からのおだてに乗り、ついつい神通力を披露してしまいます。しかし、たまたま近くにいた妊婦さんが、ビンドーラの神通力に驚いて流産してしまいます。

さすがにお釈迦様もビンドーラにはあきれてしまいます。それどころか、かばうこともできませんでした。ビンドーラは、仏教教団から追放されてしまいました。その後、彼は辺境地で調子に乗ることなく、落ち着いて人々のために布教をしたそうです。

お釈迦様ですら、お調子者には手を焼いたのです。我々凡人が、お調子者をうまくコントロールできるはずがありません。上司の方々も、それを心得ることが大切でしょう。お調子者を相手にするときは、お釈迦様のように、時々注意しながら見守ることが必要でしょう。その上で、大きな失敗を繰り返すようであれば、ビンドーラのように、処分を下すことも心得ておくことです。

お坊さんの一言

お調子者をコントロールすることはとても難しいことです
失敗の後始末をさせることで責任の自覚を持たせましょう

⑩ 上司と部下の関係は師弟と同じ

このほかにも扱いにくい部下に悩まされ、イライラすることもあるでしょうが、それでは何も解決はしません。まずは落ち着いて考えることが大切だと思います。

上司と部下、経営者と社員は、お釈迦様と弟子たちの関係に置き換えてもいいでしょう。お釈迦様は、弟子の資質を見抜き、有能な弟子をまず指導し、長老と呼ばれるリーダーを作りました。長老たちは、新しく入ってくる弟子たちの指導に当たりました。この仕組みは、会社の組織と似たようなものです。

上司は師です。部下は弟子です。

そのように考えれば、師である上司は、弟子である部下をいかに指導するかが重要である、ということがわかります。つまり、師である上司の指導力が試され、そして真価が問われているわけですね。

お釈迦様や長老たちは、新しく入ってきた弟子たちに対して、まずは観察することから始めます。新しく入った弟子の資質をよく見るのです。その上で指導方法を考えるのです。

会社も同じで、上司はまず部下をよく観察することから始めるといいのです。どんな性格か、資質はどうか、理解力はあるか、行動力はどうかなど、じっくり観察してみることです。そうして、部下それぞれにあった方法で指導をしていくことです。

怒鳴って命令して部下を動かそうとするのではなく、部下の性質に合わせて導いていくという方法を取ったほうが、事は円満に進むものでしょう。

理解不能だ、と拒否する前に、現代の若者を観察することです。そのうちにイライラはなくなり、むしろ楽しくなってくるでしょう。

お坊さんの一言

まずは部下をよく観察し
その資質を知ることから始めましょう

第4章

家族や友人、人間関係でイライラしたときの対処法

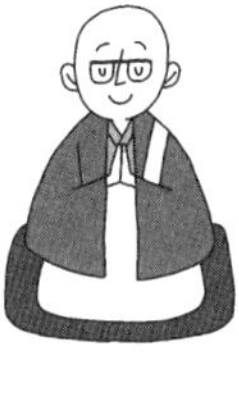

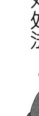

イライラするのは、会社内ばかりではありません。

憩いの場所であるはずの家庭内や、息抜きのはずのプライベートな関係でも問題が起きイライラさせられることがあります。これでは、ゆっくり休む間もないですね。

そのような人間関係の苛立ちにどのように対処すればいいのか。

具体的に例をあげて見ていきましょう。

01 口うるさい家族にイライラする

何かにつけて必ず一言二言文句を言う人が家庭内にいると、本当にうんざりしますね。イライラして、いちいちうるさい！　と怒鳴ったりすると、拗《す》ねるか泣くか喚《わめ》くかで、始末に負えません。こうした話は、特にお年寄りと同居している家庭で、よく耳にします。息子や嫁、孫に一つ一つ注文を付けたり、何かにつけて小言を言ったりするのです。

私のところにも、「うちの年寄りがうるさくて。何とかなりませんか」という相談は、よくあります。

その家のご主人は、仕事で疲れて家に帰ってくると、奥さんの愚痴を聞かされ、子どもたちからは不平不満を聞かされると嘆いていました。その原因について聞きますと、ご主人の母親が口うるさいことにありました。

「とにかく口うるさいんですよ。女房のやることなすこと一つ一つに嫌味を言うんです。そして子どもたちが学校から帰ると、これまたすぐに子どもたちを捕まえて小言を言う。そのせいで女房も子どもたちもストレスがたまっているんです。それが全部私に来る。ただでさえ仕事で疲れているのに、家に帰ってきて愚痴られたのではたまりません。何とかなりませんかねぇ」

ご主人は悲壮な顔をされて訴えていました。

これは、はっきり言ってとても難しい問題です。お年寄りは、頑固になる一方ですし、いくら注意をしても、今さら変わることはできません。下手に怒ったり怒鳴ったりすると、

「どうせ私は邪魔なんだ。私なんか死ねばいいんだ」

と言って拗ねるだけですからね。

では、どうすればいいのでしょうか?

方法はただ一つ、「あきらめる」ことです。

相手は、お年寄りです。今さら性格が変わるなどということは期待できません。期待できない以上、注意しても無駄です。相手をどうこうしようという手段はありませんですので、あきらめるのです。

しかし、ただ単にあきらめるのでは、腹の虫がおさまらないし、イライラも収まらないでしょう。家庭内は暗いままでしょうし、そのうちに、あんな年寄り早く亡くなってしまえばいいなどというよからぬ考えが生じることもあります。

そこで、「明るいあきらめ方」を勧めたのです。

このご家庭の場合、お年寄りを外したみなさんで、次のように話し合ってもらいました。

「まずはお年寄りが変わることはないと納得し、お年寄りが黙ってくれる、変わってくれるということを一切期待しない」

「お年寄りに何かを言われても、適当に返事をし、無視をする。あるいは逃げる。これは素早く行動をすること。その場からいなくなるのが一番良い」

「なるべく家族で固まるようにすること。そのときは、楽しく会話をし、大きな声で笑うこと。日中、奥さんは一人になるので、できれば働きに出るとよい。働いていない場合は、職を探しているといって家を出ること」

この三つのことを実行するようにしてもらいました。

その結果、数か月後のことですが、そのお年寄りは、外出が増えたそうです。外に友人を作ったのですね。そのおかげで家庭内での小言は随分と減ったそうです。

これは理想的なケースです。ここまでうまくいくことは少ないでしょう。多くの場合は、自分の別の子どもの家庭に愚痴の電話をするようになるようです。まあ、それでも家庭内での小言は比べ物にならないほど減りますね。

何もしないであきらめるより、あきらめながらも何か対策を施しておくことは大切です。ひょっとしたら、うまくいくこともあるかもしれません。瓢箪から駒ということもあり得るかもしれません。

また、口うるさい人は、根は淋しい人なのです。本心は、誰かに相手にされたいと思っている人なのです。ただ、性格に問題があるため、誰も相手にしてくれないので、家族に小言を言うのでしょう。

最近は、カルチャースクールに行くお年寄りも増えてきました。外に目を向けさせ、友人を作る手助けをするためにも、そういう世界を教えてあげるのもいいでしょう。

お年寄りではなく、口うるさい小姑に悩まされていた奥さんもいましたが、同じように無視をするようにしたら、連絡が来なくなったそうです。相手にされたいと願っている人は、無視をされるとほかの相手を探すものです。

お釈迦様の弟子にチャンナという者がおりました。チャンナは、お釈迦様が王子だったころ、お釈迦様の馬の世話をしていた者です。

お釈迦様を子どものころから知っていたので、ほかの弟子に「俺は昔からお釈迦様を知っていた。お釈迦様の一番弟子は俺だ」と自慢し、優秀な弟子をけなしたり悪口を言ったりしていたのです。

優秀な弟子に従うほかの修行者の悪口も言いました。とにかく口うるさかったのです。困り果てた弟子たちはお釈迦様にチャンナを何とかしてほしいと訴えました。お釈迦様は、「では、ブラフマダンダという罰を与えよう」と言いました。この罰は、「誰もチャンナと会話をしない」という罰です。

ちょっとかわいそうな気もしますが、その罰のお陰でチャンナは晩年に悟りを得ます。自分を深く反省したのですね。お釈迦様でも、そのような手段をとることがあったのです。

ご主人の兄弟だからとか、身内だからだとか、親族だからだとかいった、「縛り」にはこだわってはいけません。

遠慮もしてはいけません。親戚であろうと、ご主人や奥さんの身内であろうと、自分の家庭を壊すような行為をする場合は、遠慮していてはいけないのです。そのことで自分の家庭がギクシャクしてからでは遅いのです。

最も大事なことは、自分の家庭を守ることです。自分の家庭が守れなければ、元も子もないですからね。

お坊さんの一言

口うるさい人には「会話をしない」という方法で接してみましょう

02 ぐうたらな家族にイライラする

家族の中にぐうたらで、家の中でダラダラしている人がいると、いい迷惑ですよね。そういう人がそばにいると、イライラしてきます。

もっとシャキッとできないの、という声が聞こえてきそうです。そう言いたくなる気持ちもわからないではありません。

奥さんがぐうたらだと家の中が片付かずに大変ですが、多くは家のご主人がぐうたらと言われているようです。

あるご家庭からの相談でした。

その家のご主人は会社から帰ると何もしないのです。服はあちこちに脱ぎっぱなしで片付けない、寝転がったら起きない、ぼうっとＴＶばかり見ている。会社が休みの日などは、一日中ダラダラと過ごす。ご家族は、そんなご主人にうんざりしていました。

しかし、ご主人にしてみれば、会社で疲れているから家にいるときくらいダラダラしたい、ということなのです。ご家族のイライラする気持ちもよくわかりますし、ご主人のゆっくりしたいという気持ちもよくわかります。お互いにお互いを許せないという状態でした。私は奥さんやお子さんに、

「まずは、ご主人がダラダラしたいという気持ちを理解しましょう」

と説きました。その上で、

「文句を言うのではなく、動かざるを得ないような手伝いをしてもらいましょう」

と勧めました。

ご主人を動かす工夫ですね。が、その家のご主人は、なかなかのツワモノで、奥さんやお子さんの「これ手伝って」という注文に「うるさい。疲れてるんだ」と言う始末。そうであるなら、これはチャンナ作戦しかないでしょう。つまり、ご主人を無視、仲間外れにするのです。

ご主人が休みの日は、奥さんとお子さんで朝早くから出かけます。夕食は外ですませてから帰ります。夕食をすませずに帰るときは、普通に食事を作るのですが、なるべくお子さんと奥さんで楽しく会話をします。もちろん、その内容はご主人がわからないことを、です。

また、毎回休みの日に出かけるわけにもいかないので、出かけない日は掃除をするようにしました。朝早くから、掃除をしまくるのです。

ご主人、ついにキレまして「俺に何の恨みがあるんだ！」と怒鳴り出しました。そこで、奥さんたちは怒るのではなく、「理由はわかっているでしょ」と優しく言ったのです。そして、今までの経緯を説明したのです。

さすがにご主人、これには文句が言えず、素直に謝りました。

それ以来、少しずつではありますが、家のことを手伝うようになり、ぐうたらが少なくなったそうです。奥さんは、「もっと早くに手を打っておけばよかった」と言っていました。ご主人に遠慮していたのですね。

ぐうたらな奥さんの場合も、同じようにすればいいでしょう。あとは、なるべく一緒に行動するようにすれば、変わっていくのです。ぐうたらな相手が変わっていけば、イライラもなくなっていくことでしょう。

お坊さんの一言

ぐうたらな家族で悩んでいる人は
本人がそれを気づく状況を作ってあげましょう

03 過干渉の家族にイライラする

何かにつけて干渉してくる家族がいると、うっとうしいですね。自分のやりたいことが十分にできなくなってきます。

特に多いケースは、お子さんに過干渉になる母親です。

何でもかんでも「お母さんの言うとおりにしなさい」などと、自分の考えを押し付けてくる母親と自分のやりたいようにしたいお子さんとのバトルが始まります。

こうしたケースは、最悪の場合、お子さんの家出や家庭内暴力などを引き起こすこともあります。お子さんも、うるさい親にイライラしているのです。

そんな親子が相談に来られたことがありました。

相談がしたいと言ってきたのは母親で、お子さんの反発をどうにかできないか、ということでした。お子さんはしぶしぶついてきて、横でぶすっとしていました。

さっそく、母親の話を聞いていたのですが、よくよく聞いていると、どうやら母親の干渉が激しいことがわかりました。

母親はお子さんが「ちっとも言うことを聞かない」とイライラしているのですが、お子さんのほうは母親の過干渉にイライラしており、爆発寸前だったのです。

その母親は、お子さんが何かを始めようとすると、

「あなたには無理でしょう。それよりもこっちのほうがいいから、これにしなさい」

と、必ずお子さんのやる気をそぐようなことを言い、自分の考えを押し付けてくるのです。母親自身は、それが正しいことと信じていますので、自分が悪いなどとは少しも思っていません。むしろ、自分の意見に従わないお子さんが悪いと思っているのです。

このような問題は、お釈迦様がいらしたころからあったらしく、お釈迦様の元にもそのような相談は持ちかけられたようです。お釈迦様はそのたびに、

「自分のことすら思い通りにならないのに、自分以外の人間が、思い通りに動くわけがないであろう。自分以外の者を自分の思い通りに動かそうと考えるほうが愚かなのだ」

と説いています。また、

「子どもに対する愛情は大切ではあるが、執着になってはいけない」

とも説いています。

過干渉は執着心なのです。

このような話をしたうえで、母親にお子さんの自主性を育てることを説きました。あまり口出しをすると、自分で物事を決められない、自分で判断できない人になってしまいますよ、と。いつまでも、「お母さんが決めて」と言う大人になってしまいますよ、と。

ここで、ようやくその母親は、自分が口出しし過ぎていることがわかったのです。お子さんも、自分の気持ちを母親にさらけ出しました。

そして、その母親は過干渉にならないように気をつけることをお子さんに約束しました。また、ご主人にも注意してもらうことにしました。

過干渉の場合、干渉してくる側は、良かれと思って干渉してくるので始末が悪いのです。悪意がない行為なので、干渉される側もついつい言いたいことが言えなくなってしまいます。遠慮してしまうのですね。

しかし、これはいやなことを我慢している状態なので、イライラが募ります。やがて、それは爆発することになるでしょう。そうなってからでは、遅いのです。

イライラし始めたら、遠慮なく「干渉し過ぎないでほしい」と伝えるべきなのです。

「私には私の意思がある。私の意思を無視して、自分の思い通りにしようとしないでほしい」としっかり伝えるべきでしょう。

親子間の場合、どうしてもお子さんが遠慮してしまいます。怒られるという恐怖心もありますし、どのように対処していいかもわからないのでしょう。そのため親は自分が過干渉になっていないか、注意することが必要です。

お坊さんの一言

よかれと思ってしていることが過干渉になっていないか注意しましょう

04 自分勝手な友達にイライラする

家族に対してではなく、友達にイライラしてしまうこともあるでしょう。この場合はどうすればいいのでしょうか。

嫌いではないし、付き合いやすいから一緒に遊ぶのですが、その友人の言動にイラついてしまうことがあるという話は、よく耳にします。

私のところに相談に来られる方で、別の相談のついでに、「実は友達のことで、どう付き合ったらいいのか悩むことがあるんです」と話していく方は、意外と多いのです。

どのような友人に悩んでいるのかと言いますと、

「マイペースで人の話を聞かない」
「約束の時間に毎回遅れる」
「いちいち指図する、お節介」
「異性の前に出ると態度が変わる」

などなど、どうやら自分勝手な態度をする友人にイライラさせられることが多いようです。

「自分勝手な人」すなわち「周囲に気を遣わない人」と一緒にいると、こちらが気を遣う羽目になることがよくあります。どこに行っても、「気を遣わない」友人の後始末をさせられ、「何で私がこんな目に」と思ってしまうのです。しかし、その友人と縁を切る勇気はないし。悩ましいところですね。

このような悩みを解決するためには、その友人に思っていることをはっきり言うことです。

気を遣わない人は、自分の言動が周囲に迷惑をかけているなどとは少しも思っていません。マイペースであろうが、遅刻をしようが、お節介であろうが、態度がころころ変わろうが、そのことに自分自身で気づいていないのです。わざとやっているのでもなく、悪意があっての行動でもありません。

「だから、言えないのですよ。悪気があっての行動や演技をしているなら、その場で言いますし、縁を切っています。何というか、天然だから困っているんです」

と相談される方は言いますが、それは間違っています。

悪気があってもなくてもそれが迷惑を及ぼしているならば、善いことではないのです。善いことをしていないのですから、注意した方がいいのです。

周囲に気を遣わない人は、知らず知らずのうちに、周囲に迷惑をかけているのです。これは、実は怖いことです。なぜならば知らず知らずのうちに恨みを買っている場合があるからです。

仏教的に言えば、それは知らず知らずのうちに罪を犯していることにもなります。ほんの些細な罪なのですが、それも積み重なれば、大きな罪となることもあります。

周囲に気を遣わない人は、自分がまさか迷惑をかけているなどとは、少しも思いません。ですから、反省も懺悔《ざんげ》もしません。ということは、そのような人は、罪を消すことができないのです。

仏教では、知らず知らずのうちに犯してしまう罪を懺悔（仏教では「さんげ」と読みます）します。「知らないうちに罪を犯していると思います。それを今ここで反省します」ということですね。そうして、身体も言葉も心も清浄にするのです。

周囲に気を遣わない人は、そのようなチャンスを失っているのです。それは、かわいそうなことでしょう。

もし、その人が友人であるならば、自分勝手な振る舞いは、注意してあげるべきでしょう。悪気がないからこそ、あえて注意してあげるべきなのです。また、それができてこそ、本当の友人と言えるのではないでしょうか。

ただし、言葉遣いには気をつけましょう。厳しい言い方をすれば、相手を怒らせるだけです。相手が怒れば、注意した側も感情的になってしまいます。そうなると、話が別方向へいってしまいます。くれぐれも注意するときは、優しく諭すように言うことです。

お釈迦様は、友人とは、「賢く行い正しく智慧《ちえ》ある者」のこと、と説いています。そうでない者は善き友とは言えず、善き友でないのならば、そのような者とは連れ添わず一人でいたほうが善い、と説いています。

孤独に耐えるのはつらいですから、友人は必要でしょうが、あなたが気を遣い、遠慮しなければいけないような友人では、かえって疲れてしまいます。

その友人の自分勝手な振る舞いにイライラさせられ、悩まされているのでしたら、その友人は自分にとって善き友なのかどうかということを、よく考えたほうがいいですね。

その上で、大切な友人だと思うのなら、自分勝手な振る舞いについて、周囲の人は迷惑だと思っているよ、ということを優しく教えてあげることです。

もし、それほど大切だと思わない友人であるならば、「哀れだなぁ、かわいそうな人だなぁ」と哀れみの目で眺めてください。

その友人が自分にとって大切かどうかで、自分の態度を決めましょう。

お坊さんの一言

本当に大切な友人だと思うならば
自分勝手な行動を注意してあげましょう

05 嫉妬されてイライラする

自分では何とも思っていないけど、なぜかライバル視されたり、意地悪されたりしたという経験はないでしょうか。同僚や先輩、友人関係の中においても、こちらは意識していないのに、相手にちょっかいを出されるということはよく聞く話です。

たとえば、自分では普通に仕事をしているつもりでも、「いい子ぶってるんじゃないの」とか「一人で目立ちすぎてる」とか言われたり、陰でこそこそ噂話を流されたり。

こうしたことは、嫉妬から始まることが多いですね。集団の中で、ほんのちょっとでも周囲の注目を集めるようなことをした人がいると、その集まりの中に嫉妬という思いが渦巻くことはよくある話です。

相談に来られた方は、きれいなお嬢さんでした。

「私は、上司から言われたことをきっちりこなしているだけなのです。上司からは、何も文句を言われたことはありません。なのに、先輩がいちいちケチをつけるんです」

その方によると、その先輩は、「あなたの仕事は上司に媚びているだけで本質を理解していない」とか「いいわよねぇ、その程度の仕上がりで認められるんだから」とか、嫌味たっぷりの態度をしてくるのだそうです。それだけでなく、「上司とできているんじゃないか」と噂を立てられたこともあるそうです。

こうしたことが続くと、仕事のたびにまた何か嫌味を言われたり、妙な噂を立てられたりするのではないかと不安になり、失敗が多くなるというのです。

「それもこれも、あの先輩のせいなんです。もうイライラします。どうしたらいいのでしょうか」

このように、その方は訴えてきました。

こういう場合、上司に相談するわけにはいきませんね。その上司は、きっとその相談に来られた方をかばい、嫌味な先輩に注意をするでしょうから、ますます攻撃は増えることでしょう。下手に会社内で相談することはできません。

しかし、根本になる原因ははっきりしています。

単なる先輩の嫉妬です。

ですから、私は、

「それって先輩が悪いわけじゃないですよね。先輩のせいじゃなく、あなたのせいですよね」

と言いました。その方は意味がわからず、びっくりしていましたが、

「だって、あなたが嫉妬されているんでしょ。それって、先輩の嫉妬ですよね。それはわかっていらっしゃいますよね」

と尋ねますと、どうやら嫉妬されているということは、理解されているようなのです。ですが、いくら嫉妬だとわかっていてもどうすることもできない、とその方は主張しました。それは、当然のことですね。ですので、

「いっそのこと、開き直りましょうよ。先輩が何か言ってきたら、はっきり『嫉妬ですか』というくらいの態度をしましょう。『仕方がないですね、私は気に入られていますから』という態度をしましょう」

と提案しました。しかし、その方はあきれた口調で、

「それって、いやな女じゃないですか」

と反論してきました。これも当然でしょう。しかし、

「そう、あえていやな女になればいいのです。ですが、言葉にしちゃダメですよ。本当

にいやな女になってしまいますから。態度だけです。いやな女の振りをするのです。つまり、無視するか、上から目線で見下すことです」

と、私は勧めました。

そもそも、その方はきれいな方で、男性の目を引く方なのです。また、愛嬌もあり、上司から可愛がられるタイプなのです。そういう人は、上司から可愛がられないタイプの同僚や先輩から見れば、嫉妬されるのは当たり前なのです。

その方にしてみれば、不可抗力なことで嫉妬されているので、防ぎようがありません。防ぎようがないことで、イライラしても仕方がないことでしょう。ならば、開き直るのが一番手っ取り早いのです。

お釈迦様の弟子に、舎利弗《しゃりほつ》と目連《もくれん》という有名なお弟子さんがいます。

この二人は、後にお釈迦様の二大弟子とも言われるほどになりますが、お釈迦様の弟子になると、すぐに高弟の扱いを受けました。彼らには、それほど実力があったのです。

二人は、出家してほどなくお釈迦様の両脇に座ることを許されました。その場所は、特別な場所だったので、古くからの修行者が彼らを批判し始めました。

お釈迦様は、批判した修行僧に、二人はこの場所に座る実力があること、批判は嫉妬からくるもので恥ずかしい行為であること、そのような嫉妬をしている暇があったら自分の修行に励むことを説きました。

そして、舎利弗と目連には遠慮することも周囲の目を気にすることもなく、自らの修行に励むように、と説いています。それ以来、彼らは誰からも批判をされることなく、堂々とお釈迦様の左右に座ったのです。

仕事もできる、見た目も美しい、愛嬌もある。

周囲からは羨望のまなざしで見られることでしょう。それは、やがて嫉妬に変化します。嫉妬から意地悪などが始まります。その嫉妬は勝手にされるもので、止めようがありません。嫉妬から逃れるには、言い方は悪いですが、

「だって私はきれいだし、仕事はできるし、上司にも可愛がられるから仕方がないでしょ。あぁ、それもこれもみんな、私がきれいなせいなのね」

と開き直ってしまうことなのです。

お釈迦様のような上司がいれば別ですが、そうでないならば、開き直るほうが早いのです。そうすれば、嫉妬で意地悪をした人もあきれ返って何もしなくなるものです。なんて「厚顔無恥な人なの」と思われることもあるでしょう。それはそれでいいのです。

そう思わせることが大事なのです。

嫉妬で意地悪なことをしてくる人など、無視すればいいのです。それで仕事ができなくなるわけではありません。自分は自分の仕事をこなしていけばいいだけなのです。お釈迦様が、「他人の目など気にせずに、自分の修行に励めばよい」というのと同じですね。


上司が認めてくれているならば、周囲の意見は気にする必要はないのです。先輩や周囲の意地悪を気にして、失敗する方が会社に迷惑をかけます。それよりも、自信をもって堂々としていたほうが、会社のためにもなるし、自分のためにもなりましょう。先輩や周囲のご機嫌をうかがって仕事をするわけではないのですから。その方は、「どこまで開き直れるか、わかりませんが、先輩の態度は気にしないことにします。噂なども無視します。堂々として自分の仕事をこなすことに専念します。やってみます」

と言って帰っていきました。

その後の話を聞きますと、後輩や同僚たちからは、「変わったね」と言われ、上司からも「自信を持ったようだね」と褒められたそうです。ちなみに、嫌味な先輩は孤立してしまい、その会社を辞めたそうです。

嫉妬されたならば、それを気にしてイライラしていないで、開き直って堂々としていることです。嫌味や意地悪が及ばないくらいの態度をされると、意地悪する側もあきらめるものなのです。

お坊さんの一言

人に嫉妬されることは仕方がないことです
その嫉妬に苦しめられるより、開き直ってしまったほうが楽ですよ

06 嫉妬にとらわれイライラする

嫉妬される側は、まだ優位な立場にあるので対処しやすいのですが、自分が嫉妬する側であると、これは厄介なことでしょう。嫉妬の対象者を見るたびにイライラして仕事が手につかない方もいるようです。

しかし、嫉妬というものは、自分に非があるのです。嫉妬の炎を燃やすのは、自分がいけないのです。もちろん、それがわかっているからこそ、イライラするのでしょうが。

その方は、男性で、とある一流企業に勤められていた方でした。学歴も東京大学の大学院を卒業されたエリートでした。その方は、

「同僚に出世を追い越されて。どいつもこいつもうまく媚を売って、出世していくんですよ。実力もないくせに。もう、それを見ているとイライラしてくるんです。あいつら、学歴だって私より下なんですよ。理不尽だと思いませんか。この気持ちはどうしたらいいのでしょうか」

このように、ご相談に来られたのです。

「それは嫉妬ですよね」

と問いかけますと、しばらく考え込んでいましたが、

「そう言われれば、そうですね」

と認められました。さらに、

「なぜ、嫉妬するのですか」

と問いました。すると、その方、黙りこんでしまいました。

しばらくして、このようなやり取りになりました。

「追い抜かれるのが悔しいのですよ。だって、自分のほうが彼らよりも明らかに実力があるのに」

「そこですよ、そこ」

「どこですか？」

「明らかに自分のほうが、実力があるのに、というところです」

その方、まったく気がついていないようでした。嫉妬の原因は、自分のプライドにあるのだということに。

「あなたは、プライドが高すぎるのですよ。うぬぼれとも言いますが、自分は優れてい

る、というプライドですね。そこを上司はちゃんと見抜いているのですよ。だから、出世しないのです。つまり、出世しないのは、自分のせいですね。その嫉妬心がいけないのです」

そう言いますと、さすがに頭の良い方なので、

「ということは、私のプライドが高いということを上司が見抜いて出世しない、同僚が追い抜いていく、ということですね。それを見て私は嫉妬する、その嫉妬が上司に見抜かれ、出世ができない、同僚に追い抜かれる、私はますます嫉妬してイライラする……。悪循環ですね」

と気がつかれたのです。そして、

「もとは、私のプライドの高さですか」

と理解したのですね。嫉妬心がわき出てくる方は、プライドの高い方なのです。

「自分の方が優れているのに、なぜあの人が私よりも優遇されるのだ」という思いがもとで嫉妬心は生まれてきます。つまり、「私のほうが」という思いが、嫉妬の炎を燃やしているのです。

「自分が注目されるべきだ」「自分が優先されるべきだ」「自分が優遇されるべきだ」「自

分が真っ先に認められるべきだ」という思いが強いと、その思いが満たされないことで嫉妬するのです。そして、自分よりも「劣っているはずだ」と思い込んでいる相手が自分より優遇されると、嫉妬の炎はますます燃えあがり、イライラしてくるのです。

「では、間違っていたのは、自分ですか。自分のプライドの高さが邪魔をしていたのですか」

相談に来られたその方は、すぐに納得しました。そして、

「もっと謙虚にならなきゃいけないのですね。追い抜かれるにはそれなりの理由があるんですね」

と素直に、自分が間違っていることを認められたのです。

ここまで素直に自分の非が認められれば、もう大丈夫ですね。ですが、自分の非を認めるということは、できそうであってなかなかできないことなのです。多くの場合は、

「それって、私が悪いってことですか」

と怒り出します。私はいたって冷静に、

「そうですね。あなたが悪いんです」

と、受け答えますが、たいていは放心するか、ムスっとした顔をされます。誰しも、自分は悪くないと思いたいものなのです。

自分の過ちを正すことなく、相手に一方的な嫉妬の炎を燃やすのは、とても愚かなことなのです。なぜならば、自分の非を認められない者は、自分の悪い部分を直すことができないからです。悪いのは、自分だと認めて、謙虚に見つめなおした方がいいですね。

嫉妬でイライラする前に、自分の実力は自分が思っているほどではないのではないか、と疑ってみることです。

お坊さんの一言

嫉妬というものは高いプライドから生まれてくるものです
自分の非を認めて、謙虚になることが大切です

第5章

日常生活でイライラしたときの対処法

会社やプライベートなどの人間関係以外にも、日常生活でイライラしてしまうこともあるでしょう。

たとえば、公共の場でマナーの悪い人を見かけて苛立ったり、社会の風潮や政治に苛立ったり、将来への不安にさいなまれてしまうケースです。

ここでは具体的に例をあげて、その対処法をお話しいたしましょう。

01 マナーの悪い人を見てイライラする人

最近は、通勤時の電車内でも化粧をしている人や飲食をしている人を見かけます。私は、通勤はありませんが、ごくたまに電車に乗るときがあります。そういうときでも、必ず一人は化粧をしていたり飲食をしていたりする人を見るので、よく電車に乗る方はそうした人を結構見かけるのではないでしょうか。

そのような話を別の相談に来られた方としていると、

「そういう人を見たとき、イラつきませんか。いやな思いはしませんか」

と尋ねられます。私は、

「いや、イライラしませんし、ムカつくこともありません」

と答えます。実際に、私はそのような人を見ても何とも思わないのです。

なぜ何とも思わないのか。それは、他人だからです。知らない人だから、放っておけばいいと思っているからです。

私は電車に乗るときは本を読んでいます。本の世界に没頭していますので、周囲は気になりません。ですから、隣で化粧をしていようが、飲食をしていようが構わないのです。

本を読んでいない場合でも、私は気にしません。

それは、そうした人を見ないからです。

私は、電車内での他人の行動は見ないようにしています。見てしまうと、気になることも出てきますからね。気にしたくはないので、化粧をしている人がいても、飲食をしている人がいても、見ないようにしているのです。


まったく知らない他人の行動を見て、イライラするのは損でしょう。ストレスがたまって疲れるだけです。そのような損を被るくらいならば、そうした人たちを見ないことです。そして、読書をするとか、仕事のことを考えるとか、あるいは瞑想してみるとか、何か有意義なことに時間を使ったほうがいいでしょう。

困るのは、騒ぐ子どもがいるときですね。電車内を走り回ったり、大きな声で騒いだり。読書の妨げになります。しかし、イライラはしません。騒いでいる子どもたちを眺めるだけです。

気がつくと、ほかの人たちも同じように子どもたちを見ています。子どもたちもその視線に気づくのか、自然に静かになります。

目は口ほどにものを言います。電車内にうるさい子どもがいる場合は、視線で威圧すれば、イラつくことなく電車内で過ごせますね。

よくマナー違反をしているのだから注意すべきだとか、無関心すぎるのはよくないとか言われますが、私は知らない人には下手に注意しない方がいいと思っています。

そのことでトラブルに巻き込まれてもつまらないですし、余分な危険は避けたほうが賢明だと思っているからです。

お釈迦様は、他人の過失などは見るな、と説いています。「他人の過失やしたこと、していないことを見ることなく、まず自分の過失やしたこと、していないことを見つめなさい」と説くのです。他人のことよりも、自分はどうなのか、ということのほうが大切なのです。

他人の行動を見て、イライラするのは、親切で正義感が強い人なのでしょう。しかし、他人のことよりも、自分自身はどうなのか、ということのほうが大事なのですね。もっと自己を見つめなさい、とお釈迦様は説いているのです。

まずは、自分の心の安定が大事なのです。その安定を邪魔されるのなら、その邪魔するものを避ければいいのです。

車を運転していたり、道を歩いているとき、乱暴な運転をするドライバーにイラつく人もいることでしょう。危険な運転でヒヤッとしたあと、ムカついて思わず、

「あんなヤツ、事故ってしまえ」

と思う人もいるのではないでしょうか。

ある人の車に乗せてもらっていたときのことです。私たちが乗っていた車のわきを猛スピードで追い抜いて行く車がありました。ウインカーも出さずに、乱暴に車線変更をしながら追い抜いていったのです。すると、運転をしていた知り合いは、

「チッ、危ないなぁ。ああいうヤツは、一度事故すりゃあいいんだ」

とブツブツ文句を言い出しました。私にも、

「そう思いませんか。ああいうのがいるからいけないのでしょう。ああいう運転するヤ

ツこそ、捕まればいいのだし、自滅すればいいのですよ。そう思いません？」

と同意を求めてきたのです。私は、

「若いころならそう思ったけど、今は何とも思いませんよ」

と答えました。

なぜなら、その猛スピードで走り去っていったドライバーには、何か急ぐ理由があると思っているからです。

たとえば、ものすごくお腹が痛くてトイレに駆け込みたいとか、身内が倒れて病院に運ばれたとか、借金返済のため資金集めに急いでいるとか。実際、私自身も運転しているときに急にお腹が痛くなり、急いで寺に戻ったことがあります。そのときは、周囲のことなど目に入らないくらいでした。

それ以来、猛スピードで走り抜けていくドライバーは、きっとお腹が痛いのだ、と思うようになりました。そう思えば、そのようなドライバーを見ても腹は立ちません。むしろ、気の毒になってきます。

また、「事故ってしまえ」という言葉は、相手のことを呪った言葉になりますよね。それは、あまり感心したことではありません。昔から、「人を呪わば穴二つ」というように、人を呪えば、自分にも禍が返ってくるものです。まったく知らない人を呪ったことで、自分にお返しが来るのは面白くありません。

このような話を車に乗せてくれた人にしました。その方は、「なるほど」と納得してくださり、それ以来、乱暴なドライバーを見てもイライラしなくなったそうです。考え方を一つ変えるだけで気持ちを鎮めることができるのです。

お坊さんの一言

他人のことよりも、自分の心の安定のほうが大切なのです

02 やることなすことうまくいかずイライラする人

やることなすこと裏目に出て、思うようにならずにイライラしてしまうことは、誰もが一度や二度は経験するのではないでしょうか。いや、むしろ思い通りに行く人のほうが少数派だと思います。

お寺を修繕したときのことです。現場監督の大工さんが、

「いったいみなさん何を相談にくるんだい？」

と私に尋ねてきました。私は、

「みんなね、思う通りにならないから、悩んでいるんですよ」

と答えました。すると大工さん、

「そんなこと当り前じゃないか。世の中思うようになるわけがない。天気だって思うようにならないし、予報も外れるんだよ。人を相手にしているならば、なおさらじゃないの」

と笑って言いました。

まさしくその通りなのです。大工さん、悟ってらっしゃる。ですが、

「そうは言ってもねぇ。思い通りにしたい、と思うのが人情でしょう。だから悩むんですよ」

と悩んでいる方の気持ちを言いますと、

「ばかみたいだねぇ。たとえば、私は釣りに行くんだけど、思うようには釣れないし、天気だって思うようにはならないよね。そのときは、私はこんなものかと思ってあきらめるんだけどね。みんなはそうじゃないの?」

とおっしゃる。

その通りなのです。しかし、人はなかなかあきらめきれないのです。だから、悩むし、イライラするし、腹が立つのです。

この大工さんのことを、思うようにならないと悩んで相談に来られる方に話します。すると、

「だって、思い通りになっている人だっているじゃないですか」

と反論されることが多いです。もちろん、

「それは他人であって、あなたではないですよね」

と言いますが、多くの人が、

「他の人が思い通りにいっているのに、なぜ私はうまくいかないのでしょうか？　なぜ私だけが苦労しなきゃいけないのですか？」

と答えるのですね。何も、苦労しているのはあなただけではないのですが。

しかし、世の中には、思い通りにいっているように見える方がいることは事実です。ですが、そのような方は、実は相当な努力をしているのです。

あるいは、先のことをよく考え、どのような状況になっても対処できるように準備しているはずです。そうした陰の努力が他の方には見えないだけなのです。

やることなすこと裏目に出てしまい、思うように物事が運ばないと悩む方の場合、「裏目に出る」という時点で、結果予測ができていないということになります。

自分では「よかれ」と思って行ったことでも、裏腹な結果を招くことは有り得ることです。それを初めから予測していれば、裏目に出た、とはならないでしょう。

つまり、結果予測が甘いのですね。自分にとって良い結果しかやってこないと思っているのでしょう。だから、自分にとって悪い結果が出ると、「裏目に出た。思い通りにならない」とイライラするのですね。

これが先ほどの大工さんのように、「釣れないこともある」「天気が悪い場合もある」「予測が外れる場合もある」と予測範囲を広げておけば、裏目に出ることはないのです。

「思い通りにならなくて、イライラしたり悩んだり。どうしてこうなるのでしょう」

と言う方は、結局のところ、自分の思慮不足が原因なのですね。

自分にとって都合のよいことばかりを予測したり、想像したりするから、その通りにならないと「思い通りにならない」と言っているだけなのです。

自分にとって都合の悪い結果もあり得るのだと、予測することです。そして、その場合はどう対処すればいいのか、あらかじめ考えておくことです。

お坊さんの一言

裏目に出たと思ってしまうのは、結果予測が甘いことが原因です
先のことを考える力を養いましょう

03 社会の風潮にイライラする人

人と人とのつながりが希薄になった、殺伐とした時代だと言われてから、いったいどれくらい時が経ったでしょうか。

その傾向はますます進むようで、近所の人や隣に住む人の顔を知らないなどということは、当たり前の時代になってきました。周囲との会話は、直接話しをするよりもパソコンや携帯電話のメールやチャットを通じてのほうが、気が楽だという若者も増えてきているようです。都会では、多くの人が住んでいるにもかかわらず「孤独死」を迎える人もいます。

こうした人と人のつながりが希薄な時代に、一人で生きていくことへの不安やイライラを募らせる方も少なくないでしょう。

実際に、お年寄りの中には、パソコンもできない、携帯電話もあまり使わない、ましてやスマートフォンなど使い方がわからないという方も多くいます。そのような人を切り捨てていく企業や時代の流れは許せない、と怒りをぶつけてくるお年寄りもいます。

そのような場合、私は、

「パソコンも、携帯電話も使わなくて生活できるなら幸せじゃないですか」

と言います。そう言われると、たいていのお年寄りは、

「それでいいのですか？　社会から取り残されていくような気がして不安なのですが」

と心配そうな顔をされます。

自分だけ取り残されているような気がして、不安なのですね。

「心配なら、パソコン教室に通われたらどうですか」

と言うと、なんだかんだと理由をつけて「それは無理だ」となるのです。自信がないし、面倒なのですね。ですから、このように話をします。

「大事なのは、自分の気持ちです。周囲がパソコンや携帯電話を持ったからと言って、それに従う必要もないでしょう。自分には必要ないと思うのなら、それでいいじゃないですか。

もし、それで自分が淋しいと思うのなら、使い方を学ぶべきです。何かを手に入れたいと思うのなら、そのために行動をしなければなりません。社会に逆らって生きるのも、社会に迎合して生きるのも、あなたの生き方なのですよ。

今まで長年、パソコンも携帯電話も無く生きてきたのですから、それを続ければいいだけのことです。新しいものに挑戦したいと思うのなら、挑戦すればいい。この世でそれを使いこなせなくても、来世で使いこなせるように、今のうちに学んでおくのもいいと思いますよ。

頑固になったり、我に執着したりすれば、周囲から孤立することもあります。パソコンも携帯電話も、使ってみれば便利なこともありますよ。いろいろな人と知り合いになれますし」

社会の流れや風潮を嘆くことは誰にでもできます。しかし、嘆いていても何も変わりません。近所との付き合いが希薄だとか、人と人とのつながりが希薄だとかいう半面、ネット内では活発に人は人とつながっているのですから、それを受け入れることも大切でしょう。

仏教は、現実を拒否するようなことは説きません。むしろ、現実をよく観察し、それをそのまま受け入れよ、と説きます。

時代の流れを嘆くよりも、その時代の流れを受け入れ、利用してやろうと考えるほうが、気持ちが楽になりますね。

孤独死が怖いと不安になる方や、周囲とつながりを求めている方は、イライラしたり、そうした風潮を嘆いたりするよりも、積極的に時代を取り入れ、社会とのつながりを築いた方がいいのです。


最近の風潮であるアニメや二次元、アイドルに夢中になるオタクの存在にイライラする人もいます。メイドカフェとかコスプレなど、漫画やアニメ好きのオタクを見ると、気持ちが悪いといって嫌悪感を示すのです。

しかし、そうした風潮にイライラしても仕方がないのです。イライラしてもオタクがいなくなるわけではないし、メイドカフェがなくなるわけでもありません。ましてや漫画やアニメがなくなることもないでしょう。

むしろ、新しい日本の文化として、海外に紹介されるくらいですし、そうした時代の流れを認めることも大切です。


軽薄なマスコミやＴＶ番組にイライラする方もいます。たとえば、事件があると一斉に集まるマスコミ記者や、その記者の質問に、

「アイツらは何をくだらない質問をしているんだ」

と怒り心頭の方もいるようです。また、

「最近のテレビ番組は、内容がなくてつまらない。見るものがない」

と嘆いている方もいます。お寺に参拝に来たついでに世間話などをしていると、そのような話をしていく方は案外多いですね。私は、あっさりと、

「テレビを見なければいいじゃないですか」

と言います。テレビなんぞ、なくても生活できるでしょ、と。

しかし、そう言うと多くの方が、びっくりしたような反応をします。

確かに、テレビのない生活など、ちょっと考えられないかもしれません。しかし、くだらない番組しかやっていない、というのなら、見ない方がいいのです。本でも読んでいた方がいいでしょう。あるいは、今はレンタルで気軽にＤＶＤを借りて見ることができます。何もテレビ番組にこだわることはないでしょう。こだわりは、苦しみを生むだけですからね。


世の中の風潮には、流れがあります。流行は、それを求める人がいなければすぐに去ってしまいます。そうした風潮や流行などに、イライラしても仕方がありません。

受け入れにくい風潮は、いつの時代も存在しているのです。それは、時代が個人にあわせて存在しているわけではないからです。個人個人の好みではなく、大衆の好みに合わせているからです。

その大衆から外れているからと言って、イライラするのは間違っていましょう。そんなことで苛立つぐらいなら、堂々と批判するか、大衆を受け入れてしまったほうがいいのです。

今は、昔と違って選択肢がたくさんあります。自分にあった風潮というものも存在していることでしょう。それを見つけるのもイライラ防止になりますよね。

お坊さんの一言

世の中の風潮、流行というものは常に移り変わっていきます
そんなものにイライラするぐらいなら受け入れてしまいましょう

04 政治にイライラする人

このような人はたくさんいることでしょう。サラリーマンの方々は、会社の体制や職場の人間関係に対する愚痴が多いでしょうが、政治に対する不平不満も多いのではないでしょうか。

今の時代に限ったことではありませんが、特に最近の政治はまったく先が見えず、多くの国民がイライラさせられていることと思います。

しかし、政治に関し、腹を立ててもどうしようもありません。一人ひとりが政治に苛立って感情的に批判をしても、何も変わることはないのです。これこそ、イライラ損ですよね。

この場合のイライラ解消法は、多くの方がもうすでに行っていますね。そう、酒の肴《さかな》にすることです。会社帰りにちょっと一杯ひっかけて、政治ネタを肴にして盛り上がるのは、今も昔も変わらぬ風景ではないでしょうか。憂さ晴らしにはもってこいでしょう。

しかし、あまり調子に乗って深酒すると、周囲の人に迷惑がかかりますので、お酒もほどほどにした方がいいですね。政治ネタも楽しく批判しているうちは面白いのでしょうが、ケンカになるほど議論はしない方がいいでしょう。

政治批判は、昔から面白おかしくするのが楽しいですね。新聞の政治ネタ川柳《せんりゅう》などの投稿もあります。面白おかしく政治を皮肉ることで、イライラを解消することもできます。案外、これがいい趣味になったりもします。

最近は、ツイッターやフェイスブックなどで、政治批判をする方もいます。政治家の中にはブログを開設している方もいます。政治に何か言いたいことがあるのでしたら、ストレスをため込んでいないで、ツイッターやフェイスブックを利用するのもいいでしょう。

お釈迦様のいらした時代にしても、日本の戦前のころにしても、政治批判は庶民にはできないことでした。江戸時代などは、落書によって誰が批判したのかわからないように批判するしかなかったのです。下手に批判すれば、それがたとえ高僧であっても、処罰を食らうことがあったのです。

お釈迦様は、基本的に出家者は政治にかかわるな、と説きました。それは、片方に肩入れすれば、平等性を失う場合があるからです。

仏教は、どちらにも偏らない、何にも偏らない道を歩みます。また俗世にはかかわらないことを修行者には説きます。そこで、政治には口を挟まないようにと弟子たちに教えてきました。

しかし、大乗仏教では、多くの人々の安心のためには、国家の安定が必要であると考えます。ですから、高僧が政治家や皇帝、あるいは天皇に助言をして、政治に関わってきています。ただし、戦後は、宗教は政治に関わらないという政教分離が法律で決められております。お釈迦様時代に戻ったわけですね。それは、本来の仏教の姿でもあります。

とはいえ、毎度毎度茶番を繰り返している政治家に喝を入れてくれるような高僧がいたら、それは多くの方が溜飲の下がる思いをするのではないかと思います。昔のように気骨のある高僧が現れ、お粗末な政治家に説教をしてほしいものですね。

お坊さんの一言

政治批判は憂さ晴らし程度に楽しみましょう

05 自分自身にイライラする人

不甲斐ない自分にイライラしてしまう人もいます。何をやっても自分はダメだ、少しも目標を達成できない、周りに比べて自分は劣っていると落ち込んで、苛立ってしまうのです。

ある男性の相談者は、同僚が出世してしまい、一人取り残されてしまった方でした。

「悔しくないと言えばうそになりますが、それよりも自分が不甲斐ないのです。同僚は出世して当然だと思います。自分よりできますから。だから、嫉妬はありません。それよりも、ダメなのは自分なのです。私はダメな人間なのです。何をやっても不十分で……。こんな自分に嫌気がさして、イライラするんです。いったい私はどうしたらいいのでしょうか」

彼はそのように相談に来られたのです。

このようなときは、悪循環しやすくなります。自信を失い、失敗を恐れるため、思い切った行動ができません。その結果、成果も上がらなくなるのです。その点を指摘し、開き直ることを勧めました。

「どうせ同期はみなさん出世したのでしょう。ならば、焦ることはないではないですか。何も恐れるものはありませんよ。今さら、失敗を恐れることもないですし」

「他人事だと思って、そんな……」

「いいえ、そうではなく、開き直ったほうがいい、と言っているのです。出世など、もう焦って求める必要はないではないですか。みんなに抜かれているのですから。この際、後輩にも抜かれてもいいや、くらいに思ったらどうですか。失敗を恐れるから、何もできないのですよ」

　このように話をすると、妙な顔をして考え込みましたが、やがて、

「そうですね。私は何を恐れていたのでしょう。今さら焦っても仕方がないですよね。もう、どうでもいいや、やりたいようにやりますよ」

と、さっぱりした表情で言ったのです。そして、

「何だか気が楽になりましたよ」

　と明るい顔で帰っていかれました。

彼の場合、自分で自分を落ち込ませて、そこから出られないとイライラしていただけなのです。自分で自分の首を絞めていただけなのですね。冷静に考えてみれば、一人で騒いでいるだけだと気がつくのです。

同じようなタイプですが、自分で勝手に作ったルールで自分を縛ってイライラしている人もいます。このような人は、

「こうじゃなきゃいけない。人はこうあるべきだ」

などと思い込み、身動きが取れなくなってしまうのです。

私のところに相談に来た女性も、自分で勝手に「縛り」をつくって苦しんでいました。彼女は、留学をしたかったのですが、一人っ子のため、留学は両親を不幸にする、と思い込んでいたのです。

「一人っ子なのに、留学などしたら、親不孝でしょ。両親を放っておいて、一人外国へ行くなんてひどいですよね。でも、行きたいんです。チャンスは、今しかないし」

と、両手を擦りあわせながら話しました。イライラを抑えているような感じがしました。私が、

「そうですね。チャンスは、今しかありませんよね。若いうちのほうが役に立ちます」

と言うと、

「そうなんです。仕事のためにも、今のうちに行かないと、と思うんですよ。でも、親不孝はしたくないし」

と涙声で訴えてきました。

彼女を落ち着かせるために、少し質問しました。

「ちょっとお尋ねしますが、両親をおいて留学すると、親不孝なのですか？」

「えっ、親不孝でしょ」

「なぜですか？」

「だって……」

そのまま、彼女は考えこみ始めました。そこで、

「誰が、両親を残して留学したら親不孝だと言ったのですか？　ご両親がそう言ったのですか？」

と尋ねますと、「違う」とのことでした。話を聞くと、世間ではそうだ、と勝手に思い込んでいたのです。彼女はこう言いました。

「両親をおいて外国に行ったりしたら、親を捨てることになりますよね。それって親不孝じゃないですか。仏教でもそういうでしょ。親不孝はダメだ。親を大事にしろって」

「もちろん、親不孝はダメですが、あなたの言っていることは親不孝ではないでしょう。

親を捨てるわけではないですよね」

「そうですけど」

「ご両親にしてみれば、自分たちのことを気遣って、あなたが好きなことをできない、やりたいことをあきらめてしまう、というのは、負担ではないですか?」

そのように言いますと、しばらく考えているようで黙ってしまいました。そこで、

「留学って、全然親不孝じゃないですよね。むしろ、親は喜ぶのではないですか。ちなみに、お釈迦様は、親どころか、奥さんも子どもも国王の座も捨てて出家しました。あなたの理屈で言えば、お釈迦様は、ものすごい親不孝者になりますよ。本当に捨てたのですから」

これを聞いて、彼女はびっくりしたようでした。

「それって、いいのですか?」

「いいのです。出家は、本来そういうことなのですから。そのようなことをしたお釈迦様が、両親を放っておいて留学する子どもを叱るでしょうか? バチを当てますか? あなたは勘違いをしているんです。孝養を尽くせ、というのは儒教ですね。仏教は、父母の恩に報いなさい、と説きます。父母が育ててくれた恩に報いるには、あなたが幸せになることが一番です。今、あなたが望んでいることをすることが、あなたの幸せで

しょう」

このように説きましたところ、彼女はしばらく考えてから、

「そう言われれば、そうですよね。私は、自分で勝手にやってはいけないのではないかと思い込んでいただけなのですね。自分で変な決めつけをして、イライラしていただけなんですね」

と気づいたのです。

その後、彼女は親に話をし、無事に留学することになりました。「イライラしていただけ、時間を損していた」と明るい声で言っておりました。

このように、自分の勝手な思い込みが原因で、イライラする場合もあります。こうしたときは、ちょっと落ち着いて考えてみることです。

自分が思っていることは、本当に周りが求めていることだろうか、自分一人で焦っているだけではないか、案外周りは何も思っていないのではないか、ということを考えてみることです。

独り相撲でイライラすることは、誰にでもあることです。

そんなときは、頭を少し冷やしてから自分の状況を見つめなおしてみましょう。ある

いは、周囲の人に相談にのってもらいましょう。

案外、勝手に自分でルールを作って、それで自分を縛ってイライラしているだけ、ということもあるのですよ。

お坊さんの一言

自分で作ったルールで自分を縛っていては元も子もありません
自分の状況を冷静に見つめなおしてみましょう

第6章

イライラしたときに思い浮かべるといい仏教の言葉

仏教の言葉、お釈迦様の言葉の中には、心穏やかになるような、あるいは、なるほど！　と思えるものがたくさんあります。

その中でも、特にイライラしたときに思い出すといい言葉をいくつかご紹介いたしましょう。

イライラしたときは、ぜひこれらの言葉を思い浮かべて、心を鎮めてください。

01 諸行無常

世の中は、絶えず変化しています。一つとして、同じ状態ではありません。すべての現象、事柄、物質は、刻々と状況が変わっていっているのです。

ですから、あなたをイライラさせることも、いつまでもあなたをイライラさせ続けることはありません。時間がたてば、その原因は消えてしまうことでしょう。もしくは、違う形になっているはずです。

たとえば、怒り続けている上司であっても、いつまでも怒り続けているわけではありません。いずれ怒ることを止めるときが来るでしょう。あるいは、異動してあなたの前からいなくなるということもあります。

また、目の前にいるマナー違反者にイライラしたとしても、その人はいつまでもあなたの目の前にいることはありません。いずれいなくなってしまいます。

まさしく他力本願ですが、イライラしたとき、何の努力もせずに、解消できることは

確かです。時間がかかることはネックですが、苛立ってしまったときに、

「諸行無常、諸行無常。いずれこのイライラの原因はなくなる。それまで静かにしていよう」

と呪文のように唱えれば、案外気持ちが落ち着いてくるものです。イライラしたときは、「諸行無常」と唱えてみてはいかがでしょうか。

お坊さんの一言

刻一刻とすべては移り変わっていきます
あなたを悩ませているものもいずれは消えていくのです

02 過去を追うな、未来を願うな

仏教の説話の中に、「一夜賢者の歌」という歌があります。

お釈迦様の弟子サミッディが、ある夜明けのこと、温泉につかっていますと、神が天から降りてきて「一夜賢者とは何か」と問います。

サミッディは、それが何のことかわからなかったので、お釈迦様に教えを請います。するとお釈迦様は歌で答えるのです。それがこれです（訳はすずき出版仏教説話大系22巻によります）。

過去を追いかけ　未来を願う
それはあってはならぬこと
なぜなら過去は　もうすでに
捨て去ったもので　未来とは

まだ来ぬことを　示すのだから
大事なことは　現在を
よく見極めて　動じずに
まっすぐ正しく　生きること
あす死に神の　大軍が
来ないとだれが　言えようか
一夜賢者とは　このことを
よく知り怠けず　励むもの

意味はわかると思います。では、この歌がなぜイライラしたときに有効なのか。

やってしまった失敗、やらかしてしまったこと、それが原因で怒られたり、自己嫌悪に陥ったりしたとき、

「やってしまったことはしょうがないじゃないか。一夜賢者の歌にもあるように、過去は捨て去ったものなのだ。大事なのは今なのだ」

と自分に言い聞かせるのです。

お釈迦様だって、過去を追うなと言っている、ということですね。

起きてしまったことは、それがどんなに大変なことであっても、もう取り返しはつきません。いくら怒られようが、文句を言われようが、落ち込もうが、どうしようもないことです。そのことで、イライラしても始まりませんよね。

大事なことは、「今、どうするのか」です。

ですから、もし、失敗してしまったことで怒られたり、落ち込んだりしてイライラしているならば、

「過去は追うな。今、何をすべきかだ！」

と、自分を奮い立たせましょう。

また、同じように将来に対する不安にさいなまれている人は、

「未来を考えるな。未来とはまだ来ぬことなのだから。今が大事なのだ。お釈迦様だってそう言っている」

と考えればよいのです。

未来は、どのように変わっていくかはわかりません。現在からある程度予測できるかもしれませんが、それも絶対ではありません。良くも悪くも変化するのが未来なのです。

まだ定まっていないことに対し、不安を抱いて動けなくなってしまうのは、愚かなことです。それよりも、今を充実させて生きることが大切なのです。

「過去を追うな、未来を願うな。今を大切に生きよう。それが賢者なのだ」

過去や未来にとらわれ、不安になったり苛立ったときは、この言葉を唱えて心を鎮めてください。

お坊さんの一言

大切にするべきなのは過去でも未来でもなく、今なのです

03 怒りが威嚇するものは他人ではない 怒りは自分を脅かすものだ

イライラしていると、周囲に八つ当たりをしたり、ちょっとしたことでトラブルを起こしたり、ケンカ沙汰に発展したりします。友達関係でも、望んでもいないのに喧嘩別れへとエスカレートしてしまうことがあります。

怒りは大きな損害を生むのです。それを避けるために、感情が高ぶって抑えられないとき、次の言葉を唱えるといいでしょう。

「怒りが威嚇するものは他人ではない。怒りは自分自身を脅かすものだ。怒りを収め、自らを振り返ってみよ」

これは、お釈迦様が、ケンカをしている修行僧に説いた教えです。

ある日のこと、修行僧同士が些細なことからケンカを始めました。そこにお釈迦様がやってきて、帝釈天《たいしゃくてん》が阿修羅《あしゅら》との戦いに勝利したときの話をしたのです。

「帝釈天は激しい戦いを幾度となく繰り返し、阿修羅に勝利した。阿修羅は捕えられ、帝釈天の前に転がされた。阿修羅は帝釈天に唾を吐きかけ、

『これで勝ったと思うな。俺様はお前たちのばかな顔を見たくて捕まってやったんだ。いいか帝釈、次はきさまが俺の前で這いつくばるのだ』

と、ののしった。

しかし、帝釈天は何も言わない。それを見て帝釈天の部下が、

『帝釈天様、何か言ってください。このまま阿修羅の罵声を許すつもりですか。阿修羅は、何も言い返さない帝釈天様を臆病者というでしょう。あまりにも不甲斐ない』

と怒りをあらわにした。すると帝釈天は、

『よいか、私はひるんでいるわけではない。お前は怒りにとらわれ、物事がよく見えなくなっている。本当に強い者は、怒りに耐え、怒りを包みこむものだ。暴言に耐えるものを愚か者と世の中は言うだろうが、それは真実ではない。怒りには沈黙で答える、それが最上なのだ』

と部下に説いた。

よいか、争い怒りに燃える修行僧よ。自らの怒りの心に負け、人と争ってはならぬ。知を愛し、愚を退けるのならば、怒りに耐えよ。怒りは、他者を威嚇するものではなく、

己を脅かすものなのだ」

お釈迦様は、イライラや怒りに任せて感情的になるな、と戒めているのです。

怒ってみたところで、それは相手に対し優位な立場になっているわけではありません。むしろ、周囲の冷めた目から見れば、惨めで恥ずかしい姿なのです。

イライラしている相手に対し、イライラしてしまえば同じ穴のムジナ、ということですね。そうならないためにも、怒りは、自ら戒めて鎮めるべきなのです。怒りが込み上げてきたら、

「怒りやイライラで、相手は威嚇できない。相手に勝ったことにはならない。このイライラや怒りを鎮めてこそ、相手に勝利するのだ。帝釈天のように！」

と、自分に言い聞かせて、気持ちを鎮めてください。

お坊さんの一言

感情的になれば相手と同じ土俵に立ってしまいます
怒りには沈黙で答えることが最上なのです

04 学ぶ喜びを知ることは楽しいことだ

お釈迦様の弟子にカッサパゴッタという方がいました。

このお弟子さん、お釈迦様の教えがなかなか理解できなかったのです。彼は、イライラして「私が教えを理解できないのは、お釈迦様が教えを出し惜しみしているからだ。お釈迦様はケチだ」と、周囲に文句を言っていました。

しかし、彼は次第に気づきました。お釈迦様の教えが理解できないのは、自分の理解が足りないからだ、ということに。彼は、お釈迦様に悪口を言ったことを謝り、あらためて教えを請いました。するとお釈迦様は次のように説いたのです。

「カッサパゴッタよ、汝は愚かさのゆえに過ちを犯したが、自分の愚かさに気づき、正直に悔い、謝罪しました。それはとても大事なことです。ですから、汝の罪は許しましょう。

カッサパゴッタよ、自ら理解しようと努力する前に、教えを受けることをいやがったりするのはよくないことです。長年修行している長老でも、学ぶことが嫌いな人や適切に指導してやらない人がいますが、このような者はダメな人です。こういう人を見習ってはなりません。

どこまでも学ぼうとし、学んだ人から教えを受け、周囲の人も学ぶように励ますことです。学ぶ喜びを知ることは、楽しいものです」

上司がちゃんと教えてくれない、先生の指導が悪い、適切な指示がなかった。

こうしたことでイライラすることは、よくあることですね。

確かに、指導力不足の先生はいますし、指示が適切でない上司もいます。しかし、それならば、指示されたことが理解できるまで、質問をしなければいけません。

ましてや、今まで経験したことがない仕事や勉強ならば、わからないのは当然です。それをわからないと言ってイライラしていては、何も前には進みません。さらに、それを上司や先生のせいにして文句を言っていては、学ぶことはできません。

本来、学ぶことは楽しいことなのです。新しいことを学ぶことに不安を抱くのではなく、楽しもうと積極的に取り組むことが大事なのです。そうすれば、新しいこと、経験のないことをするように言われたとしても、苛立つことはなくなるでしょう。

お坊さんの一言

学ぶことの喜びを知れば
これまで苦手に思っていたことも楽しくなってくるでしょう

05 この世はすべて縁によって成り立っている

欲しいものがあってもなかなか手に入らず、イライラすることがあります。あるいは、進めている仕事がはかどらなかったり、話がまとまらなかったりして、イライラしてしまうことはよくある話ですね。

あきらめてしまえばいいのかもしれませんが、なかなかあきらめきれないこともありますし、簡単にはできないのが人間です。そうしたとき、縁が「ある」「ない」で考えれば、案外気持ちが楽になるものです。仏教には縁起の教えがあります。それは、

「これあるに縁《よ》りてかれあり
これ生ずるに縁りてかれ生ず
これなきに縁りてかれなし
これ滅するに縁りてかれ滅す」

というのが基本です。簡単に言えば、

「これがあるから、それがある。これが生じるから、それが生じる。これがないから、それがない。これが滅するから、それは滅する」

ということです。まだ、わかりにくいでしょうか。

つまり、「これがあるから、そのことによって、それがあるのだ」ということです。「これが無くなってしまえば、それも無くなってしまう」ということです。お互いに寄り添って、関わり合いながら生きている、ということですね。

これを広い範囲で解釈すれば、世の中のことはすべて縁で成り立っている、と考えられます。

たとえば、仕事があるから給料がもらえる、会社があるから社員がいる。仕事がなければ給料はない、会社がなければ社員もない。仕事がはかどらないからイライラする。仕事がはかどればイライラしない。いやな上司がいるからイライラする、いやな上司がいなければイライラしない、ということですね。

しかし、仕事がはかどらないのは、仕方がないことですし、いやな上司がいなくなることもなかなかありません。これではイライラは解消できません。そこで、もう一歩踏み込んで考えてみましょう。

「仕事がはかどらないからイライラするけど、それはその仕事の縁がよくないからではないだろうか。つまり、今取り掛かっている仕事は縁がないからはかどらないのだ。縁があればはかどるのだ。すなわち、仕事がはかどらないのは私の責任ではない。だから、イライラする必要はないのだ」

そんないい加減な、と思うかもしれませんが、縁がない場合はどんなに頑張ってみても、進まないということがあるものです。縁がない取引先とは、どんなに頑張ってみても、たとえ話が生じたとしても、最後はやはり縁はないのです。

それは、その仕事に関わっている人の責任ではなく、縁の問題なのです。

そう考えれば、少しは気が楽になりませんか。

この縁の考え方は、他にも応用できます。たとえば、どうしても欲しいものがあったとします。しかし、それが手に入らずイライラしたときは、

「縁がないから手に入らなかったんだ。縁があればよかったのだけど」

と思えば、あきらめもつきやすいでしょう。

あるいは、人事異動で望みのポジションに異動できず、それを同僚にとられて悔しい思いをしているときは、

「自分には縁がなかったのだ。今のポジションのほうが自分には縁があるのだ」

と思えば、気持ちも落ち着くものです。

これは、受験も同じ、就職も同じですね。思うようにいかないことは、すべて、

「縁がなかったのだから、仕方がない」

のであり、今の状況が、

「自分の縁なのだ」

と思うことが大切なのです。そうすれば気持ちも鎮まるでしょう。うまくいかないことに直面したときは、

「世の中すべて縁のあるなしで決まってくるのだ」

と唱えてみてください。

お坊さんの一言

世の中のすべては縁で成り立っているのです
うまくいくのも、うまくいかないのも、その縁が原因なのです

06 他人の過失を探し出し、常に苦情をいう者は汚れが増し加わる

いちいち他人のことに口を出し、「それはいけない、あれはいけない、こうじゃなきゃいけない」と言ってくる人が世の中にはいます。また、嫁姑の間では、昔から姑は嫁の小さな過失を取り上げ、うるさくいびります。

このような、他人のことにいちいち指図するような人、他人の過失をネチネチといびる人に出会うと、イライラが止まりません。そのようなときは、

「他人の過失を探し出し、常に苦情を言う者は、汚れが増し加わる」

と心の中で唱えるといいでしょう。

たとえば、こちらから頼んでもいないのに、細かな指図をしたり、不適切なアドバイスをしたりする人がいたとします。

「あなた、それじゃあダメよ。これはこうしなさい。そのほうがあなたに似合うわ」

「あら、あなたって、そんなことも知らないの。へぇ……」

「これはこうしなさい、それはこうしなさい、それが正しいんだから」

などと口を挟まれると、本当にうんざりしてしまいますよね。そのようなとき、

「こうやって、人のことばかり口出ししている人は、自分が汚れていっている、ということに気がつかないのだろうな。なんて哀れな人なのだろう。この人は、どんどん汚れていく。自分が親切でやっているると思っていることは、実は大きなお世話だと気づいていないなんて、かわいそうな人だ」

と思えば、イライラすることなどないのです。むしろ、哀れな人と思ってあげればいいのですね。

口うるさい姑さんなど、この典型ですね。嫁のちょっとした過失をいちいち取り上げ、挙句の果てに嫌われてしまうのですから、自業自得と言えばその通りです。口うるさい姑さんを持った嫁は、

「この姑は、私の過失にいちいち苦情を言い、そのために心が汚れていくのだ。あぁ、なんて哀れな人なのだ」

と思えばいいのです。また、ついつい口出しをしてしまう姑さんは、

「私は、嫁のちょっとしたミスをいちいち注意してしまう。さぞ嫌われているのだろう

な。あぁ、私の心は汚れているのだ」

と自戒してください。

ついつい口を挟んでしまう自分の性格がいやだ、他人のアラが目についてしまう自分がいやだと思っている人も、この言葉を思い浮かべるといいでしょう。

お坊さんの一言

つまらない口出しをすることで心は汚れていくのです

07 誹謗中傷はあなたのものである

いわれのないことで誹謗や非難を受けるのは、腹が立つことです。何を勝手なことを言っているのか、と言いたくなるものですが、立場上や職場の雰囲気を悪くするなどの理由で、抗議できないことがあります。

お釈迦様も、よくいわれなき誹謗中傷をされていたようです。

お釈迦様がいらした当時、お釈迦様は仏陀として、修行者や民衆の間から絶大なる支持を得ました。それを他の宗派の指導者が妬んだのです。確かに妬むのも仕方がないのかもしれません。多くの弟子をお釈迦様にとられてしまったのですから。

あるとき、あるバラモンが「ゴータマ（お釈迦様のこと）に弟子を盗まれた。ゴータマとは、盗人のような奴だ」と街中で吹聴していました。お釈迦様にしてみれば、いわれなき誹謗ですね。そのバラモン、さらにお釈迦様の元へ行き、大声で文句を並べたてます。

このような者が来たら、一般の人ならば、怒り心頭です。怒鳴ったりして追い返すという行動に出るでしょう。

しかし、お釈迦様は違いました。そのバラモンにこう尋ねたのです。

「あなたはお客さんが家に来たとき、おもてなしをしますか」

バラモンは答えます。

「当たり前だ。私は客を大切にする。お前とは違うのだ」

「もし、そのお客さんが、『おもてなしは結構ですよ』と遠慮し、もてなしのごちそうを受けなかった場合は、そのごちそうはどうしますか」

「もったいないから、私が食べる。客が受けなかったもてなしは、私が引き取る。当たり前だ」

「では、私も遠慮します。私はあなたの誹謗や中傷を受け取りません。誹謗中傷はあなたのものです。あなたに全部お返しします」

バラモンは、一本取られましたね。

いわれなき誹謗中傷や噂話にカリカリ、イライラしても仕方がありません。また、そうした噂を流している本人に怒りをぶつけても、証拠がなければとぼけられ、かえって自分の立場が悪くなるだけです。

相手に抗議しようとか、相手を懲らしめてやろうなどとは考えない方がいいですね。

それよりも、泰然自若として、

「それは事実ではないから、その誹謗中傷は、そっくりそのまま、誹謗中傷をしている人に返します」

と思っていればいいのです。もう少し、くだけた表現で言えば、

「私のことをいろいろ言っているようだけど、それは全部言っているヤツに返してやるよ。私は受け取りません」

と心の中で毒づいていればいいのです。さらに、上から目線で眺めていればいいのです。くだらない誹謗中傷にイライラすれば、それを言っている人と同じレベルになってしまいます。それよりも、誹謗中傷は、受け取り拒否をすることですね。

お坊さんの一言

いわれのない誹謗中傷にいちいち反応することはありません

泰然自若として取り合わなければよいのです

08 宇宙（悟りの世界）からみれば、多くのことは些細なことである

これはお釈迦様が言った言葉ではありません。しかし、仏教の教えからすれば、当然のことになります。また、この言葉は、どちらかと言えば、密教的な言葉ともいえます。

密教では、悟りの境地を「虚空に遊歩する」とも言います。宇宙に漂っている境地、ということですね。密教において、宇宙は悟りの世界であり、大日如来がそれを象徴していると説きます。

最近は、テレビのニュースでも宇宙から見た地球の映像をよく見ることがあります。あるいは、ネットで検索すれば、宇宙から見た地球の姿を見ることができます。

そうした宇宙から見れば、この地球上で起きることなどは、ほんの些細なことなのです。ましてや、人間の一生などはほんの一瞬のことにすぎません。

よく天界（神様の世界）の一日は、人間の世界では五十年に相当する、と言われてい

ます。あるいは、人の一生は仏様が瞬きする間に終わる、とも言われています。

そう考えると、人間の一生なんて、本当に短いですね。イライラしている間に終わってしまいます。そんなことをしていては時間がもったいないので、それよりもやるべきことはあると思って楽しんだ方が、いいとも言えるでしょう。


このような考え方ができれば、我々の悩みやイライラ、怒りなどは微々たるものだと思えるのです。そのようなことは、ものすごく小さなことなのです。その小さなことに我々はこだわり、あがいたり、不平不満を漏らしたりしているのですね。

「宇宙から見たら、そんなことは小さなことさ。いちいちこだわらずに気楽にいこうよ」

イライラしたら、このように思えばいいのですよ。いつも、このように思えることができれば、気楽に過ごせるようになるのです。


宇宙から見たら、と想像できない方は、スカイツリーのような高いところに登って、世間を見下ろしてみてください。きっと、

「あぁ、人間は小さな存在なのだ。自分は小さな存在なのだ。その小さな人間のイライラなど、もっと小さなことなのだろう。そんなことにこだわるのは、愚かなことだな」

と思えるでしょう。

それは、ちょっと悟りの境地に似た状態なのかもしれません。仏様は、こうして人々を見ているのだな、と思えば、もはや悟りの境地の疑似体験と言えるでしょう。

宇宙から見たら、悟りの世界から見たら、イライラなんて小さなことなのですよ。

以上、イライラしたときに思い浮かべるといいと思える仏教の言葉をご紹介しました。これらの言葉、すべてを覚える必要はないと思います。自分が気に入った言葉だけでいいと思います。その言葉を必要なときに唱えるといいでしょう。

初めはうまくはいかないかもしれませんが、次第に気持ちをコントロールできるようになると思います。そうなれば、落ち着いた、穏やかな心が得られることでしょう。

お坊さんの一言

宇宙の大きさから見れば
人間が抱えているイライラなんて本当に小さなものなのです

第7章

人間関係を円滑にする修行法

仏教の修行に六波羅蜜《ろくはらみつ》という修行法があります。

この修行法は、出家者だけに限ったことではなく、在家の方でもできる修行です。この修行法をいつも心がけるようにしていれば、人間関係は円滑にいくでしょうし、自分の才能を伸ばすこともできます。

私は、お寺に人間関係で相談に来られる方に、この六波羅蜜という修行法を勧めています。難しいことではないので、みなさんもぜひ試してみてください。

六波羅蜜とは、檀《だん》・戒《かい》・忍《にん》・進《しん》・禅《ぜん》・慧《え》の六種類の波羅密（パーラミター・仏様の智慧）のことです。それぞれを具体的に解説いたします。

01 檀《だん》

檀とは、檀那の略です。檀那とは、旦那さんの語源にもなった、「布施」を意味するインドの言葉です。したがって、最初の修行は布施です。

布施といっても、どこかのお寺にお布施をしなさい、ということではありません。ですが、この布施には、寄付金の意味も含まれていますから（本来は、見返りを期待しない寄付金のことです）、街中での寄付金やコンビニなどでお釣りを寄付したりする行為も、それはそれでいいと思います。

ちょっとした寄付行為は、心の余裕を生みますから、それも修行になるでしょう。ほんの少しの心の余裕でも、それがあれば、イライラしにくくなりますからね。

そうした寄付もいいのですが、もっと大事なことがあります。

それは「心の布施」です。

これは、どういうものでしょうか。

「心の布施」とは、簡単に言えば、「気配り」のことです。それも「表面上の気配り」や「ごますり」ではなく、心からの気配りです。

気配りとは、周囲の人たちのことを考え、相手のことを思い、気を遣うことですね。そのような気配り、気遣いができる人は、敵を作ることはほとんどないでしょう。妬まれることがあったとしても周囲の人が擁護してくれるはずです。気配り、気遣いができる人は、味方が多く敵が少ないものです。

しかし、気配りや気遣いは、しようと思っても簡単にできることではありません。気を遣うような家庭で育った方は、自然にそうした気配りができるでしょうが、あまり細かいことを気にしない家庭で育った方は、相手を気遣うということが苦手な方が多いようです。

実際に、人間関係がうまくいかないと悩んで相談に来られる方は、周囲に対する気遣いが苦手なことが多いですし、気を遣わない家庭で育った場合が多いですね。

急に気を遣え、といわれても、それは無理な話でしょう。ですから、まずは簡単な気遣いから始めましょう。

それは、ちゃんとあいさつすることです。このようにお話しすると、

「あいさつくらいはしていますよ」

と返ってきます。

しかし、よくよく自分の行動を振り返ってみますと、しっかりあいさつとして言えていない言葉があります。

それは「ありがとう」と「ごめんなさい」なのです。

誰かに何かをしてもらったとき、ほとんどの方はお礼を返すでしょう。ですが、はっきりと「ありがとう」と言う方は、意外と少なくありませんか。たいていはちょこんと頭を下げて、「あ、どうも」と答えていませんか。

ふと気がつくと、私自身もそう答えていることがあります。案外、素直に「ありがとう」とは、言いにくいですよね。しかし、「ありがとう」とはっきり言われた方は、嬉しいものなのです。

同じように、何か失敗したときや迷惑をかけたとき、素直に「ごめんなさい」と言っているでしょうか。「すみませーん」と頭をポリポリ掻いて下げるだけ、ではないでしょうか。仲間内ならば、「あぁ、ごめんごめん」と軽く言えるかもしれませんが、仕事関係では改まって「ごめんなさい（すみませんでした）」とは言いにくくはないでしょうか。

また、まったく知らない人と、たとえば肩がぶつかったときなどに「あっ、ごめんなさい」と言っているでしょうか。知らない人に対しては、知らない振りをして通ってしまっているのではないでしょうか。

この「ありがとう」「ごめんなさい」という言葉をいつも言えるように心がけていると、自然に気を遣うことができるようになってくるのですよ。初めのうちは、気遣いまでは無理ですが、この言葉の積み重ねが心の余裕を生んでいくのです。

相手が誰であっても、素直に「ありがとう」「ごめんなさい」を言ううちに、自然に気持ちが穏やかになっていくのです。そうすれば、相手があなたを見る目も変わってくるのです。

第一の修行、檀とは、「ありがとう」「ごめんなさい」を誰に対しても、素直に言えるようにしよう、ということなのです。

お坊さんの一言

「ありがとう」と「ごめんなさい」
この二つの言葉を心がけていると自然に気持ちが穏やかになります

02 戒《かい》

戒とは、戒律のことですね。修行者はたくさんの戒律がありますが、在家の方は一般に五つの戒律があります。それは、「殺生しないこと」「盗みをしないこと」「不倫をしないこと」「嘘をつかないこと」「お酒を飲まないこと」です。

しかし、今ここでみなさんに守っていただきたい戒は、この仏教で言う在家の五つの戒律のことではありません。ただ単に「マナーを守ってください」ということです。もちろん、在家の五つの戒めもできれば、守ったほうがいいです。

殺生しないとは、暴力を振るわないことです。これは、言葉の暴力も含みます。優しい言葉、柔らかい言葉、穏やかな話し方を心がけるだけで、人間関係は丸くなりますからね。

盗みをしないことは当然ですが、そのほかにも盗み見をしない、盗み聞きをしないということが含まれます。人の噂話などを盗み聞きするような行為は、マナーとしてもしてはいけないことですからね。気をつけたいことです。

不倫は、しない方がいいでしょう。これは当然のことですね。揉め事の元ですし、それで一生を棒に振ることもありますから。

嘘をつかないことも当然です。ここには、嘘ではないですが（嘘の場合もありますが）、「言い訳」も含まれています。下手な言い訳は、怒りを買うだけです。言い訳するよりも素直に謝ったほうがいいですね。

お酒は、飲むよりは飲まない方がいいでしょうが、それも限度をわきまえていればいいと思います。周囲の人に迷惑をかけるお酒の飲み方はよくないでしょう。

また、相手にお酒を飲むことを強要することもよくないですね。お酒は、それこそマナーを守って飲んでほしいものです。

こうした在家の戒律もできれば守れたならばいいとは思いますが、無理はいけません。無理をすればかえってイライラしてしまいますからね。そうではなく、まずはマナーを守ることを心がけてほしいのです。

「そんなことは言われなくても守っている」とおっしゃる方が大半でしょう。

しかし、これが案外守れていないことがあるのです。他人のマナー違反はよく気がつくのですが、自分のこととなると、ついつい忘れがちになるのです。すると、周囲から白い目で見られたり、揉め事を起こしたりするのです。

たとえば、お子さん連れの方。

お子さんにショーなどを見せたいのですが、後ろのほうでよく見えません。そこでお父さん、お子さんを肩車します。すると、後ろにいた方が、今度はショーが見えにくくなります。途端に、後ろから文句が飛んできます。最悪の場合、揉め事に発展しますね。

小さなお子さん連れのご家族は、意外にマナー違反をしていることがあります。お子さん連れだから許してもらえるだろう、子どものすることだから大目に見てもらえるだろう、という気持ちがあるからでしょう。

しかし、周囲の方は「子どものしつけができていない」という目で見るものです。そこに、自分たちと周囲との摩擦が生まれるのですね。

お子さん連れでなくても、マナー違反をしてしまうことはよくあるでしょう。たとえば携帯電話で会話中、ついつい我を忘れて大声になったりすることはないでしょうか。

路上だから、駅のホームだからと安心してしゃべっていると、ついつい大きな声になるものです。

ふと気がつくと、周囲から白い目で見られています。「そんな目で見なくてもいいのに、ふん!」と、自分のことは棚に上げ、イライラしてしまいます。

または、レストランで食事をしていると、キャーキャー騒いでいる声が聞こえます。そちらを見ると運ばれた食事を携帯電話のカメラで撮影し、ネット上に公開している様子。うるさいですよと注意されると、「これぐらい、いいじゃない」と逆切れする始末。周囲の人も、当事者もイライラして美味しい食事が台無し、とこのような話もよく耳にします。

これらも、ちょっとしたマナー違反が招いた、周囲との摩擦ですね。それが周囲の反感を買い、いやな思いをさせたり、揉め事を起こしたりするのです。

マナーを守ることで、周囲との摩擦は回避できることが多いのです。そうすれば、余計なトラブルを起こすことも、イライラすることもなくなるでしょう。

マナーを守り、できれば穏やかに話すことを心がけ、噂話や覗きなどをせず、不倫などとは関係のない生活を送り、嘘や言い訳を言わないようにし、お酒も乱れない程度で抑えておくようにすれば、周囲のあなたを見る目は、いい方向へと変わっていくでしょう。そうすれば、人間関係も円滑にいくというものです。

お坊さんの一言

周囲との摩擦はちょっとしたマナーを守ることで回避することができるのです

03 忍《にん》

これは文字通りの意味です。耐え忍びましょう、ということですね。世の中、辛いことは山ほどあります。その辛いことに文句や不平不満ばかり言っていてもいけません。少しは、「これも自分のためだ」と、耐え忍ぶことも必要なのです。どんなことでも、習う期間、学ぶ時間、というものが必要ですね。それは、学生時代であっても、社会に出てからも同じです。

我々僧侶の世界は、一生修行、と言われております。それを理解し、一生耐え忍ぶことが必要だとわかっているからこそ、耐え忍ぶことを克服しているのです。逃げるということがなく、泰然自若としていられるのです。

一般の方であっても、「耐えなければいけないこともある」と理解し、「耐え忍ぶことも必要だ」と思えるようになれば、案外気が楽になるものなのです。忍とは、そのように「耐え忍ぶことも必要なのだ」と思うようになるための修行なのです。

それが辛くて辛くて、イライラしたり、いやになったりする、とおっしゃる方もいるでしょう。しかし、そのようにおっしゃる方は、自分の性格をちょっと振り返ってみてください。耐え忍ぶことが苦手、いやだという方は、早く結果がほしいのではないでしょうか。その結果に至る過程がわずらわしいのではないでしょうか。

誰でも、初めから完璧にできる人はいません。誰でも、一つ一つ学び、練習し、失敗し、壁に当たって、それを乗り越え、そして、覚えていくのでしょう。もちろん、個人差があって、簡単にできてしまう人もいれば、苦労して一つのことを覚える人もいるでしょう。

しかし、どのような人であれ、壁に当たらない人はいません。その壁を乗り越えることによって、人間が大きくなっていくのですし、いろいろなことが身についていくのです。逆に壁を乗り越えられず、苦しみに耐えきれず、逃げてしまえば、失うことは多いのです。

一度逃げると、次に壁に当たったとき、同じように逃げようとしてしまいます。そういうことを繰り返していると、ほんのちょっとした苦労にも耐えきれず、すぐに投げ出してしまう人間になってしまうこともあります。耐え忍ぶということは、大変大切なことなのです。

もちろん、限界はあります。耐えて耐えて耐え忍んできても、何の改善もみられないようでしたら、それは限界でしょう。その場合は、しかるべき手段を考えたほうがいいですね。

結果を得るには、それがどんなことであっても必ず過程が必要なのです。好結果を得たいのならば、どんなことでも簡単に逃げ出さずに、耐え忍ぶことにも挑戦してみましょう。その苦しみや辛さを耐え忍んで、乗り越えたときに、大きな喜びも得られるのです。

お坊さんの一言

耐え忍ぶことの大切さを忘れてはいけません
逃げない姿勢が人生を切り拓いてゆくのです

04 進《しん》

進とは、精進のことです。精進と言っても、精進料理のことではありません。精進とは、「努力する」ということです。

人は、努力なしでは、何も成し遂げられません。努力をしない者は、何も得ることはできないのです。よく、「まったく努力していないのに、すぐにできてしまう」という人がいますが、そういう人は器用なだけなのです。器用なのですが、表面上はできても、その奥となると、やはり努力が必要となるのです。

努力とは、次の段階へ進むときに必要な手続きのようなものでしょう。その手続きを怠れば、次のステップには進めないのです。しかし、人はその手続きを省きたがるものなのですね。つまり、努力をしないで結果が先にほしいのです。

「俺は将来、大物になるから。大きな会社の社長になるんだ」

と、豪語していた人が、私の知り合いにいましたが、その人に会うたびに「その自信はいったいどこから来るのだろう」と、いつも疑問に思っていました。

その人は、何も努力しないのです。職も転々としていましたし、特に手に職があるわけでもないのです。ただ、調子がいいだけなのですね。調子よく「大物になるのだ」と言い続けて、何年になるのでしょうか。挙句の果てには「宝くじでも当たらないかなぁ」ですから、笑い話にもなりません。

また、このような方が相談に来られたこともあります。その方は、とある飲食店を街道沿いにオープンしました。場所は、交通量も多く、人通りも多いところです。しかし、一向に売り上げは伸びません。それどころか、来店するお客さんは減る一方です。その方は、

「自分は運が悪いのでしょうか、それとも何かとり憑いているのではないですか」

と相談に来られたのです。

提供する料理の味が悪いとか、メニューの受けが悪いとか、接客が悪いとか、そうしたことは、その方は考えないのですよ。自分の努力が不足しているなどとは思ってもいないのですね。

「そんなまさか、嘘でしょう」と笑われる方もいると思いますが、こういう方は、案外多いのです。

何かを得たいのなら、必ずそれに見合った手続きが必要なのです。それが世の中の仕組みですよね。

何かを得たいのならば、何らかの犠牲なり、代償なりを払わねばなりません。何の代償もなく、犠牲もなく、労力もなく、手続きもなしで、何かを得るということはないのです。それは、生きる上での約束事なのです。その約束事を破ってしまっては、人間関係も、自分自身の人生もうまくいくわけがありません。

「自分はしっかり努力しているか」

今一度、自分自身に問いかけ、厳しい目で自分を眺めてみましょう。そして、努力が不足していると思うのならば、あらためて精進努力し、人生を有意義なものにしましょう。

お坊さんの一言

何の代償も努力もなく、何かを得られることはありません

努力というものは、何かを得るために必要な手続きなのです

05 禅《ぜん》

禅とは、禅定《ぜんじょう》のことですが、座禅を組みなさい、と言っているわけではありません。これは、「まずは落ち着こう、冷静になろう」ということなのです。

人は生きている以上、様々な困難やトラブルに出会います。そうしたとき、あわてていては、うまく対処することはできません。焦って考えなしの行動をして、かえって事を悪化させることもありますし、取り返しのつかないことになることもあります。

たとえば、仕事上で何らかの手違いなどでトラブルが発生したとします。そうした場合、あわてて対処してはいけませんね。当事者がバタバタしていては、周りの者もあわてててしまうでしょう。焦ってしまっては視野が狭くなり、見落としや勘違いにつながりかねません。

まずは、どのような状況になっているのか、現状把握をすることが先決です。落ち着いて、冷静になれば、視野も広くなり、どうすればいいかという対処方法も生まれてくるでしょう。

この「冷静になる、落ち着く」というのが、禅なのです。

修行を極めた禅僧は、いつでも平然としているというイメージがありますよね。どんな場合でも冷静で、落ち着いて、あわてずにいられる。そんな印象をみなさんもっていると思います。実際に、座禅は、そうした心境に至るための修行ですね。座禅をすることにより、何事にもゆるぎない心でいられるようになるのです。

ですが、みなさんは当然のことながら、禅僧ではありませんから、しょっちゅう座禅をするわけにはいきません。ですから、簡単に心を落ち着かせる方法をお教えしましょう。

随分前にＴＶアニメで「一休さん」という番組が放送されていました。最近の若い方はご存知ないでしょうか。

そのアニメの中で、ＣＭに入る前に一休さんが「あわてない、あわてない。一休み、一休み」と言います。

ＣＭに入る前のお決まりの言葉なのですが、これはすごくいい言葉なのですよ。

何か突発的なことが起きたとき、急なトラブルに見舞われたとき、突如困ったことが起きたとき、人はあわててしまうものです。焦って、あわてて、おろおろして……。

それが人なのです。そのときに、アニメの一休さんの言葉が有効になるのです。

何かとんでもないことが起こったり、普段から困りごとを抱えて悩んでいたりしている人は、ちょっとつぶやいてみてください。

「あわてない、あわてない。一休み、一休み」

案外、気持ちが落ち着き、冷静になれるものです。冷静になれば、気がつかなかったことに気づくこともできるものです。いい考えが浮かぶかもしれません。あるいは、じっくり考えられる、心の余裕が生まれるでしょう。

いや、冷静な心無くして、よい智慧は浮かばないものなのです。

つまり、この禅（心を落ち着け、冷静になる）は、次の慧にもつながることなのです。

「禅なくしてよい智慧はなし」

いい考えを生むには、まずは心を落ち着けることですね。

お坊さんの一言

トラブルに巻き込まれたり、慌ててしまったときは「あわてない、あわてない。一休み、一休み」と唱えてみましょう

06 慧《ね》

慧とは、智慧《ちえ》のことです。本来は「え」と読むのですが、六波羅蜜の内容を順に読んでいくと「だん・かい・にん・しん・ぜん・ね」と読みます。「ぜん」の「ん」と「え」が続いて、「ね」となるのですね。

智慧とは、当然のことながら、よく考えることです。この場合の考えるとは、「状況をよく観察して、その上で最善の方法を考える」ということです。

人は、考えて行動しているようで、実はそれほど深く考えて行動していることは多くはありません。行き当たりばったり、思いつき、あるいは感情に流されての行動、ということが多いものです。

そうした行動をしていると、いずれ行き詰ることになるでしょう。「深く考えて行動していれば、そうはならなかったのに」ということは、よく経験することではないでしょうか。

未来は、決まっているわけではありません。先のことはどうなるかわからないのです。そこで、今の状況をよく観察し、客観的に分析をし、その先を予測することが必要になります。それが考えることですね。

たとえば、こういう状況であるから、この先は三方向に分かれることが予測されるとか、今後は売上が低迷するだろうから、このように対処しようとか、理論的に先を予測していく考え方ですね。

それが、ここでいう慧なのです。

この慧が完全に身につけば、予想外のことは起きません。

もちろん、そこまで行くには、長い時間が必要でしょう。しかし、普段から予想外のことはないか、他に可能性はないか、と確認しながら考えるようにすれば、自然に深い思考が身についてくるのです。それには、まずは、よく観察をし、状況をしっかり把握することが大切ですね。

観察をするときのポイントは、客観的に見るということです。決して偏見の目で見てはいけません。偏った見方をすれば、正しい情報が入ってきませんからね。必ず、自分の好悪や感情を含まず、客観的に見ることが大切なのです。

こうした目を持てば、深く考えることもできるようになっていくでしょう。そうすれば、今目の前にあるトラブルや問題も、解決方法が見つかるでしょう。

　正しい智慧とは、感情的にならずに、客観的に観察をし、客観的に状況を把握し、客観的に考えることなのです。これができれば、どのような状況に陥っても、そこから抜け出る道は見つかるものなのです。


　以上、六種類の修行法を説いてきました。これらの修行は、それぞれ単独ではありません。お互いに補完し合っています。

　人に気配りをする（檀）ことを心がければ、自然にマナーを守る（戒）ことができるようになるでしょう。マナーを守ろうとすれば、周囲の人への気配りが自然に身につくでしょう。

　苦しいことに耐え忍んでいる（忍）間に、人は努力をする（進）ものです。努力をし続けることは、耐え忍ぶことでもありますね。

　心が落ち着いて冷静でいなければ（禅）、よい智慧は浮かんできません（慧）。また、よく状況を観察し、客観的になれば、自然に冷静になっていくものです。

　そして、冷静になり、よく考えるようになれば、人への気配りの大切さ、マナーを守ることの大切さ、耐え忍ぶことの意味、努力することの意味、それらも理解できてくるものです。

そうなれば、今自分が置かれている立場もよくわかるでしょうし、自分が何をしなければいけないか、ということもわかってくるでしょう。また、問題解決のためには自分はどう動くべきか、どう努力するべきか、耐え忍ぶのがよいのかといった判断もできるでしょう。

六波羅蜜を修行すれば、困難に直面しても、それに対処できる精神状態でいられるのです。

もちろん、これもいっぺんにできることではありません。いきなり、うまくできることではありません。少しずつ、徐々に練習しながら身につけていくことです。だからこそ、「修行」なのです。

初めから完璧にできてしまったら、修行ではありません。修行というものは、コツコツと行い、築き上げていくものなのですからね。ですから、初めは、「心がける」程度でいいのです。

挨拶に気をつけよう、マナーに気をつけよう、ちょっと辛抱してみよう、少しは努力してみよう、冷静になるように落ち着こう、よく考えてみよう。

その程度からスタートすればいいのです。大切なことは、積み重ねなのですから。そうした日々の小さな積み重ねが、やがて大きな実力となっていくのですね。

きっと気がついたら、人間関係で悩まなくなった、強い自分になった、イライラしなくなったと変化していくことでしょう。大切なことは、普段からの積み重ね、なのです。

お坊さんの一言

先のことを考える訓練をしておけば
トラブルや問題の解決方法が自然に見えてくるようになります

おわりに

「すべての現象には原因がある」

本書の冒頭にこのように書きました。

この仏教の教えに従い、いろいろな場面でのイライラの原因をあげてきました。みなさんのイライラの原因にも当てはまることがあったのではないかと思います。

原因はわかった、その対処法もわかった、やってみる価値はありそうだ。

そう思われたのなら、少しでもいいので本書に書かれていることを実践してみてください。

しかし、なかなかうまくはいかないのが人間です。どうしても感情が邪魔をするからです。

「頭ではわかっているのです。でも気持ちが……」

よくわかります。自分の心をコントロールすることは大変難しいことですね。

お釈迦様は、

「よく己の心を制御できるものを聖者と呼ぶ」

と説いています。

自分の心や感情をうまくコントロールできるようになったら、それは聖者（悟った者）なのです。それほど難しいことなのですから、少しずつ取り組んでいけばよいのです。

昔から、「笑う門には福来る」と言います。笑顔で周囲の人と接することのできる人のもとには、福がやってきます。それに対してムスッとして、いつも面白くない顔をしていると、幸運も逃げてしまいます。

自分の気持ちを少しでもコントロールし、笑顔と優しい言葉で接することができれば、人間関係はもちろんのこと、運もよくなってくるでしょう。

どうしてもイライラしてしまうときは、本書を読み返してみてください。みなさんのイライラが少しでもおさまりますよう、お祈り申し上げます。

合掌。

参考図書

「仏教説話大系」鈴木出版
「智慧と愛のことば　阿含経」筑摩書房
「真理の花たば　法句経」筑摩書房

著者略歴
鳥沢廣栄（とりざわ・こうえい）

1961年生まれ、岐阜出身。

理系の大学へ入学するも、4年生のはじめに退学。

その後、高野山大学密教学科へ編入。

卒業後、岐阜に戻り、法恩院の住職となる。

檀家のない寺で、主に相談事、悩み事などを聞く毎日を過ごしている。

著書に『ブッダが死ぬ前に繰り返し説いた　悩みに強くなる考え方』『心のモヤモヤがスッキリ消える仏教の言葉』『超訳　仏教の言葉』『お坊さんが教える わずらわしい人間関係が楽になる方法』(彩図社)などがある。

イラスト：イクタケマコト

お坊さんが教える
「イライラ」がスーッと消える方法

2019年 2月 12日　第1刷

著　者　鳥沢廣栄
発行人　山田有司
発行所　株式会社彩図社
〒170-0005
東京都豊島区南大塚3-24-4 MTビル
TEL 03-5985-8213　FAX 03-5985-8224
URL：http://www.saiz.co.jp/
Twitter：https://twitter.com/saiz_sha
印刷所　新灯印刷株式会社

 ISBN978-4-8013-0349-2 C0195

本書は、2012年11月に小社より刊行された『お坊さんが教える「イライラ」がスーッと消える方法』を修正の上、文庫化したものです。